NOUS DIVORÇONS
QUOI DIRE
À NOS ENFANTS

Données de catalogage avant publication (Canada)

Weyburne, Darlene

   Nous divorçons : quoi dire à nos enfants

   Traduction de : What to tell the kids about your divorce.

   1. Enfants de divorcés.   2. Divorce.   3. Rôle parental partagé (Divorce).
4. Parents divorcés - Habiletés de base - Guides. I. Titre.

HQ777.5.W4814 2000   306.89   C00-940192-X

DISTRIBUTEURS EXCLUSIFS :

· Pour le Canada
et les États-Unis :
MESSAGERIES ADP*
955, rue Amherst,
Montréal, Québec
H2L 3K4
Tél. : (514) 523-1182
Télécopieur : (514) 939-0406
* Filiale de Sogides ltée

· Pour la France et les autres pays :
INTER FORUM
Immeuble Paryseine, 3, Allée de la Seine
94854 Ivry Cedex
Tél. : 01 49 59 11 89/91
Télécopieur : 01 49 59 11 96
Commandes: Tél. : 02 38 32 71 00
              Télécopieur : 02 38 32 71 28

· Pour la Suisse :
DIFFUSION: HAVAS SERVICES SUISSE
Case postale 69 - 1701 Fribourg - Suisse
Tél. : (41-26) 460-80-60
Télécopieur : (41-26) 460-80-68
Internet : www.havas.ch
Email : office@havas.ch
DISTRIBUTION: OLF SA
Z.I. 3, Corminbœuf
Case postale 1061
CH-1701 FRIBOURG
Commandes: Tél. : (41-26) 467-53-33
              Télécopieur : (41-26) 467-54-66

· Pour la Belgique et
le Luxembourg :
PRESSES DE BELGIQUE S.A.
Boulevard de l'Europe 117
B-1301 Wavre
Tél. : (010) 42-03-20
Télécopieur : (010) 41-20-24

Pour en savoir davantage sur nos publications,
visitez notre site : **www.edhomme.com**
Autres sites à visiter : www.edjour.com · www.edtypo.com
www.edvlb.com · www.edhexagone.com · www.edutilis.com

L'Éditeur bénéficie du soutien de la Société de développement des entreprises culturelles du Québec pour son programme d'édition.

Nous remercions le Conseil des Arts du Canada de l'aide accordée à notre programme de publication.

Nous reconnaissons l'aide financière du gouvernement du Canada par l'entremise du Programme d'aide au développement de l'industrie de l'édition (PADIÉ) pour nos activités d'édition.

L'ouvrage original américain a été publié
par New Harbinger Publications, Inc.
sous le titre *What to Tell the Kids About Your Divorce*

Dépôt légal : 1er trimestre 2000
Bibliothèque nationale du Québec

ISBN 2-7619-1544-5

DARLENE WEYBURNE

NOUS DIVORÇONS
QUOI DIRE
À NOS ENFANTS

*Traduit de l'américain
par Marie Perron*

LES ÉDITIONS DE
L'HOMME

Je dédie ce livre aux enfants du divorce qui s'efforcent courageusement de comprendre ce qui leur arrive, et à leurs parents, dont le désir sincère d'aider leurs enfants et de reconstruire leur vie familiale m'a inspiré cet ouvrage.

Je suis redevable envers le personnel du Family and Children's Service de Midland, dans le Michigan, pour le savoir-faire et les connaissances qu'ils ont partagés avec moi. J'aimerais remercier tout particulièrement Ginnie Hough, Carole Aulph, Jeanette Obermiller, Sharon Mortensen et Kristi Mercer pour leurs commentaires éclairés.

Une sœur sera toujours une amie. Merci à mes sœurs, à mes parents et aux autres membres de ma famille. Ils m'ont aimée et épaulée tout au long de mes recherches et de la rédaction de cet ouvrage. Merci également à ma nièce Letitia, qui s'est ouverte à moi. Je suis particulièrement reconnaissante envers mes enfants, Joshua et Jessica Weyburne, ainsi qu'envers mon époux et meilleur ami, Pat, dont la loyauté et le dévouement m'ont permis de croire que le mariage peut contribuer, d'une manière positive, à notre développement personnel.

Avant-propos

J'avais à peine terminé ce livre, qu'on m'a appris que j'étais atteinte du cancer du sein. Ma première réaction fut de songer : « C'est impossible. Que vais-je bien pouvoir dire à mes enfants ? » Depuis que je dois affronter le tourbillon d'émotions et de souffrances que m'occasionne ma maladie, je comprends mieux que jamais les pensées et les épreuves des parents qui vivent l'expérience du divorce.

Juste avant que je ne reçoive ce diagnostic, un grave conflit m'opposait depuis plusieurs mois à mon fils de onze ans autour de la question suivante : « Qui commande chez nous ? » J'appréhendais que, comme bon nombre d'enfants de parents divorcés, il se sente responsable de mon stress et, par voie de conséquence, de ma maladie. Ma fille de huit ans réagit pour sa part en me repoussant et en me demandant si elle risquait d'attraper mon cancer. Je songeai au fait que les adolescents doutent souvent de leur aptitude à vivre des relations affectives heureuses lorsque le mariage de leurs parents échoue.

Lorsque mon mari emmenait les enfants faire du ski, j'éprouvais la même ambivalence que ressent un parent divorcé quand ses enfants prennent du bon temps avec l'autre parent. J'étais enthousiaste à l'idée qu'ils puissent partager ces moments agréables avec leur père et cimenter leur relation. Mais je souffrais aussi de ne pouvoir les accompagner et de devoir consacrer mes faibles énergies physiques à m'assurer qu'ils étudiaient leurs leçons et assumaient correctement leur part des tâches domestiques.

Quand mon fils m'a demandé si j'avais peur, j'ai dû me retenir de lui exprimer la terreur épouvantable qui m'étranglait, tout comme le font les parents qui divorcent. Mais il me fallait aussi l'aider à comprendre qu'il était normal pour nous deux d'éprouver de la peur, de la colère et de la tristesse, et normal d'extérioriser ces émotions. Je sais que, tout comme moi, les parents qui divorcent s'inquiètent – souvent sans s'en rendre tout à fait compte – de ce que leur colère, leur dépression, leur culpabilité et leur peur les empêchent d'aider leurs enfants à assumer le traumatisme dont ils font l'expérience.

Tout comme vous, jamais je n'avais imaginé devoir traverser un tel moment de crise. Mais il est certain qu'avec un peu d'efforts et grâce au soutien de la famille, des amis et de quelques spécialistes, vous, moi et nos enfants pouvons surmonter une telle épreuve et en tirer des leçons et un enrichissement. En tant que parents, nous apprenons ainsi à être reconnaissants pour chaque instant passé en compagnie de nos enfants, à mieux les aimer et à mieux les éduquer.

Introduction

Mon grand-père, qui était Allemand, est né à l'aube du vingtième siècle. Durant sa vie, il a été témoin de l'érection du Mur de Berlin qui a scindé en deux son pays natal. Lorsque j'étais petite, il me racontait comment enfants et parents qui avaient été séparés franchissaient ce Mur au péril de leur vie dans le but d'être réunis. En 1989, quand le Mur fut démoli par une Allemagne qui luttait pour se reconstruire, j'ai pleuré en songeant à mon grand-père qui n'avait pas vécu assez longtemps pour être témoin de cet événement historique, et aux gens qui avaient perdu la vie en franchissant le Mur. Les familles qui vivent l'épreuve d'un divorce ont souvent l'impression d'évoluer sur un champ de bataille. Leur vie se déchire, des murs s'érigent entre les différents membres de la famille. Les parents épuisés par ce combat et abattus de fatigue émotionnelle ont besoin d'appui s'ils veulent être à leur tour en mesure d'aider leurs enfants à surmonter cette pénible expérience. En cette aube du nouveau millénaire, j'exprime le vœu que tous les parents reçoivent le soutien dont ils ont besoin dans de tels moments de crise et que, dorénavant, nous nous appliquions à reconstruire nos familles plutôt qu'à ériger des murs.

Près de la moitié des enfants nés au cours de la dernière décennie sont ou seront des enfants du divorce. Cela signifie que, chaque année, plus d'un million de jeunes deviennent susceptibles de vivre des relations affectives conflictuelles et de divorcer à leur tour une fois parvenus à l'âge adulte. Les enfants de parents divorcés ont davantage de problèmes de comportement, de conflits avec l'autorité et de résultats scolaires insatisfaisants. Un divorce peut être l'expérience la plus traumatisante que vos enfants auront à vivre. Il mine leur confiance, leur sécurité, leur estime de soi et leur sentiment d'appartenance à la famille et à la société. Pendant dix ans,

Judith Wallerstein a étudié les enfants du divorce. Au cours de ses recherches, elle a découvert que, dans trois cas sur cinq, les enfants interviewés s'étaient sentis rejetés par au moins un de leurs parents. Près de la moitié d'entre eux étaient devenus des « adultes inquiets, qui ne donnaient pas leur pleine mesure, qui se dépréciaient et qui, dans certains cas, éprouvaient un grand ressentiment ». (Wallerstein et Kelly, 1980)

Il existe cependant des moyens spécifiques pour aider les parents à minimiser les traumatismes sociaux et émotionnels susceptibles d'affecter la croissance et le développement de leurs enfants, et pour faciliter la restructuration de leur vie familiale. En se penchant sur les résultats des recherches effectuées sur les enfants du divorce, Joan Kelly a conclu que, pour les enfants de parents dont la vie de couple est une accumulation de conflits intenses et fréquents, « [...] le divorce peut favoriser à long terme une meilleure adaptation, en particulier si les parents fuient les situations conflictuelles, ont recours à la thérapie ou à la médiation pour régler leurs problèmes et évitent à leurs enfants d'être pris en otages [...] ». « Ceux des enfants qui s'en tirent le mieux s'appuient en cours de route sur leurs propres ressources intérieures, sur la qualité de leur relation avec l'un des parents ou les deux, avec leurs grands-parents, leurs beaux-parents, leurs frères et sœurs et leurs modèles sociaux. [...] Ils bénéficient de rapports harmonieux soutenus avec leurs parents. Ceux-ci, malgré leur dépit et le ressentiment qu'ils éprouvent l'un envers l'autre, se révèlent capables d'assumer leurs responsabilités parentales en parfaite collaboration. » (Wallerstein, 1989) Le présent ouvrage aborde point par point les différentes étapes à franchir pour parvenir à de tels résultats. J'accompagne les lecteurs tout au long de ce processus, de l'annonce du divorce aux enfants jusqu'au coparentage et aux responsabilités des beaux-parents. Je décris comment un divorce affecte les enfants et comment il est possible d'apaiser leur souffrance.

Le philosophe anglais Herbert Spencer a dit : « Le but premier de l'éducation n'est pas la connaissance, mais l'action. »

Cet ouvrage ne se limite pas à dire en quoi le divorce affecte les enfants. Si vous êtes en instance de divorce, vous savez déjà de quelle manière cette étape de votre vie touche vos enfants. Ce livre a pour but de vous aider à prendre les moyens qui s'imposent pour épauler vos enfants. Pour en tirer les meilleurs enseignements possibles, il ne suffit pas de le lire ; il doit devenir un outil de travail.

L'apprentissage est le résultat de l'action. Lisez mon livre crayon en main et faites au fur et à mesure les exercices que j'y décris. Lorsque je vous demande de faire quelque chose, interrompez votre lecture et suivez mes instructions. Vous serez sans doute tenté de sauter ces passages et d'y revenir plus tard. Mais la bonne intention ne suffit pas à produire des résultats. Il faut agir. Agissez maintenant. Avant de poursuivre votre lecture, consultez la section « Notes personnelles et aide-mémoire » en fin d'ouvrage. Notez ce que vous souhaitez accomplir quand vous aurez tourné la dernière page.

À quelque étape qu'ils en soient rendus dans leurs procédures de divorce, tous les parents bénéficieront de cet ouvrage, même si certains chapitres pourraient leur sembler inutiles à première vue. Par exemple, dans le chapitre premier, je vous explique quand et comment apprendre à vos enfants que vous divorcez. Si vous avez déjà annoncé cette nouvelle à vos enfants, l'Ordre du jour de la réunion familiale vous propose néanmoins quelques trucs pour leur faire comprendre les motifs qui vous font divorcer, pour les aider à vous exprimer leurs appréhensions et leurs inquiétudes, et pour les assurer de votre amour.

En ma qualité de thérapeute du comportement, j'ai découvert que, souvent, les progrès thérapeutiques ont lieu entre deux séances. Je profite de nos rencontres pour aider mes clients à développer certaines aptitudes et je leur donne des devoirs à faire pour mettre ces aptitudes en pratique dans leur vie quotidienne. Ces devoirs ont aussi pour but de les convaincre qu'ils sont capables d'apporter à leur vie les transformations essentielles à la poursuite de leurs objectifs.

Les exercices contenus dans ce livre sont conçus comme des devoirs. Plusieurs chapitres abordent les problèmes spécifiques que vous affrontez en ce moment. Avec le concours de votre thérapeute (si vous en consultez un), vous pourriez élaborer un plan d'action qui intègre ces exercices à votre thérapie. Vous pourriez par exemple vous fixer comme objectif familial à long terme une meilleure collaboration entre vous et votre ex-conjoint. À court terme, vous pourriez convenir avec votre ex-conjoint de compléter l'exercice du chapitre 4, « La création d'un cartable scolaire ». Demandez à votre thérapeute d'aborder avec vous les différents obstacles qui pourraient surgir en cours de route dans cet exercice. Sans doute aurez-vous besoin de son aide pour déterminer si les exercices proposés s'harmonisent aux objectifs que vous vous êtes fixés pour vous et pour vos enfants.

Les renseignements et les conseils réunis dans le présent ouvrage sont le résultat de dix-sept années de recherches et d'expériences cliniques post-universitaires. Pour étayer les descriptions énoncées au chapitre 8, plus spécifiquement associées à l'âge de l'enfant, je me suis en partie servie des données qu'a rassemblées Judith Wallerstein dans son étude longitudinale des effets du divorce.

Les exemples et les citations ont été inspirés par les confidences que m'ont faites les parents et les enfants. J'ai modifié certains détails de ces récits afin d'en faciliter la compréhension et changé les noms des intervenants afin de préserver leur anonymat.

1

Quand, comment et pourquoi dire à vos enfants que vous divorcez

POINTS SAILLANTS

- Dites à vos enfants que vous divorcez.
- Dites-le-leur ensemble, avant le départ de l'un de vous.
- Planifiez par avance ce que vous leur direz concernant votre divorce.
- Sans blâmer votre conjoint[1], soyez direct, honnête et ouvert.
- Prévoyez du temps pour discuter du divorce et répondre aux questions que les enfants vous poseront.
- Rassurez vos enfants en leur disant qu'ils continueront de vous voir tous les deux, si tel est le cas.
- Aidez-les à comprendre qu'ils ne sont pas responsables de votre divorce.
- Dites-leur que vous les aimez toujours.

Chère maman, cher papa,

Il se passe quelque chose, et j'aimerais que vous me disiez de quoi il s'agit. Mais vous n'en faites rien, et j'en déduis que vous allez divorcer. Est-ce que vous vous séparez parce que vous êtes toujours en train de vous disputer ? Est-ce parce qu'il y a quelqu'un d'autre ? Est-ce parce que vous ne vous aimez plus ? Est-ce à cause de moi ? Est-ce que j'ai fait quelque chose de mal ? Vous ne m'avez rien dit, alors je suppose toutes sortes de choses. Pensez-vous que je ne vous entends pas crier, pleurer et claquer les portes ? Je vois bien qu'il y a des « Appartements à louer » encerclés de rouge dans les petites annonces des journaux, et le matin, quand je me lève, je vois bien les couvertures sur le divan du salon. Vous essayez peut-être de me protéger, mais de quoi ? Je suis capable d'imaginer des choses bien plus graves que celles que vous pourriez me dire. J'ai de la peine et je suis frustrée. J'aimerais que vous me disiez ce qui se passe. Vous pensez sans doute qu'il est plus sage de ne rien me dire, mais puisque je devine que quelque chose ne va pas, vous me faites encore plus mal en vous taisant. S'il vous plaît, dites-moi ce qui est en train d'arriver à notre famille.

Je vous aime,

Letitia

---

1. Sauf indication contraire, nous avons utilisé les termes masculins pour désigner les hommes et les femmes de façon à ne pas alourdir le texte. *N.d.t.*

La manière dont vous et votre ex-conjoint aurez abordé les premières étapes de votre séparation déterminera la qualité d'adaptation des enfants à cette situation. Mettez de côté vos rancœurs et concentrez-vous sur les besoins des enfants. Si vous n'y parvenez pas, les comportements destructeurs qui ont mis fin à votre mariage continueront de les affecter. Il importe que les deux parents parlent de leur divorce aux enfants, même si cela s'avère difficile. Leur neutralité est essentielle au processus de guérison.

José, cinq ans, fréquente la maternelle. L'institutrice téléphone à sa mère parce que depuis une semaine l'enfant se frappe la tête par terre en criant « méchant, méchant ». La semaine précédente, le père de José a quitté la maison. Jugeant leur fils trop jeune pour comprendre la situation, ses parents ont préféré ne rien lui dire. Lorsque l'institutrice a abordé cette question avec José, il a répondu : « J'ai cassé la voiture de papa, alors il est parti. » En parlant avec la mère de l'enfant, l'institutrice apprend que, le matin du départ de son père, José a accidentellement cassé la plus jolie voiture miniature de la collection paternelle. Ses parents n'ayant pas jugé bon de lui expliquer la raison du départ de son père, José a cru que son papa était parti à cause de lui.

N'oubliez pas que les enfants ne sont pas les spectateurs de votre divorce ; ils en sont des participants. Il importe de les en prévenir. En tant que parents, vous avez la responsabilité de leur expliquer que vous avez pris la décision de divorcer. Vos enfants pourraient souffrir psychologiquement et socialement de votre silence. Les enfants perçoivent beaucoup plus les problèmes familiaux que ne le pensent les parents. Quand vous croyez qu'ils ne vous écoutent pas, ils vous entendent vous quereller. Ils le remarquent quand maman dort dans la chambre d'amis. Ils portent davantage attention quand vous chuchotez derrière une porte fermée. Les enfants sont sensibles aux tensions entre leurs parents. Ils se doutent qu'un conflit oppose leurs parents lorsque ceux-ci ne se parlent pas. Même quand vous leur dites que tout va bien, ils devinent, par vos comportements, par l'expression de votre visage ou votre ton de voix, que vous ne leur dites pas la vérité. Le fait de ne pas leur annoncer que vous divorcez peut intensifier leur traumatisme, contribuer à leur isolement ou, comme dans le cas de José, les inciter à se croire responsables de votre malheur.

Plus d'un an après sa séparation d'avec sa femme, William a demandé le divorce. Il en avait assez de se quereller avec elle à chacune de ses visites. Il souhaitait aussi refaire sa vie. Leur fils cadet, Jean, âgé de neuf ans, était un élève turbulent. Il avait été renvoyé provisoirement de l'école pour s'être battu. Marie, quinze ans, avait renoncé à jouer dans son équipe de basket-ball ; elle passait de plus en plus de temps seule, enfermée dans sa chambre. L'aîné, Matthieu, qui étudiait à l'université, n'était pas venu rendre visite à sa famille depuis cinq mois. Suzanne avait l'impression que sa famille se disloquait et ne voulait pas accabler ses enfants de problèmes supplémentaires en leur annonçant son divorce, mais après plusieurs discussions animées avec son mari, elle en vint à la conclusion qu'il était préférable de leur en parler. William et Suzanne préparèrent d'avance ce qu'ils leur diraient. Ce ne fut pas facile, mais cette préparation leur permit de conserver leur calme et de se concentrer sur les besoins des enfants. Ils attendirent, pour réunir la famille, que leur fils aîné revienne à la maison à l'occasion d'un congé. Les enfants prirent mieux la chose que Suzanne ne l'avait cru. Bien sûr, ils réagirent douloureusement au début. Matthieu quitta la maison et retourna à l'université. Marie s'enferma dans sa chambre et refusa d'en sortir. Jean cassa la voiture de collection Pinewood Derby que son père et lui avaient construite ensemble. Mais au bout de trois mois, Suzanne constata que la communication était meilleure au sein de la famille. Matthieu téléphonait plus souvent et avait même pu dire à sa mère qu'il en avait assez d'entendre ses parents se chamailler. Jean et son papa réparèrent la voiture, et Jean put exprimer sa colère. Marie avoua qu'elle regrettait les parties de basket-ball familiales. Pour Suzanne et William, ce conseil de famille, quoique difficile, avait permis une meilleure communication et aidé les enfants à s'adapter à la situation.

L'ordre du jour du conseil de famille

Lorsque vous prenez la décision de vous séparer ou de divorcer, convenez d'en parler ensemble aux enfants. Avant le départ de l'un de vous, fixez une rencontre préparatoire (lieu, date et heure) pour discuter entre vous de la façon dont vous apprendrez cette nouvelle à vos enfants. Planifiez un conseil de famille. Décidez par avance de ce que chacun de vous dira aux enfants. Réfléchissez aux conséquences qu'auront vos propos sur l'adaptation émotionnelle de vos enfants. Il se pourrait que vous ne suiviez pas votre ordre du jour à la lettre, mais sa préparation diminuera votre anxiété et vous aidera à conserver votre objectivité.

Lors de votre rencontre entre parents, et aussi lors du conseil de famille, veillez à être positif par le recours au «je». Le recours au «je» permet de se concentrer sur le moment présent sans subjectivité. Le recours au «je» facilite l'expression des sentiments et cerne une idée spécifique. Samuel, père de triplés, s'est adressé comme suit à la mère de ses enfants: «J'appréhende l'effet qu'aura notre divorce sur nos enfants. J'aimerais discuter avec toi de ce que nous leur dirons avant que l'un de nous s'en aille.» (Nous abordons plus spécifiquement le recours au «je» au chapitre 5.)

Avant de réunir la famille, lisez le présent chapitre et le chapitre suivant. Faites l'exercice 1. Celui-ci vous aidera à convenir de ce que vous direz.

EXERCICE 1: L'ORDRE DU JOUR DU CONSEIL DE FAMILLE

Date de la rencontre:

Heure de la rencontre:

Lieu de la rencontre:

1. Munissez-vous de papier, de stylos, d'un grand calendrier et de mouchoirs de papier.

2. Rassurez tous deux vos enfants en leur disant que vous les aimez.

3. Dites-leur que vous comptez leur parler et les écouter pendant une heure environ. Dites ceci: «Cette réunion est importante. Nous ne répondrons ni au téléphone ni à la porte tant que nous n'en aurons pas terminé.»

4. Si votre séparation est provisoire, dites-le. Plus tard, si vous optez pour un divorce, vous devrez rassembler une fois de plus vos enfants afin de le leur annoncer.

5. Notez par écrit les raisons qui vous incitent à divorcer. Pendant le conseil de famille, servez-vous de ces notes pour expliquer aux enfants les causes de votre divorce.

« Papa et maman vont divorcer, parce que : »

_____

_____

_____

(Vous devrez sans doute étudier plusieurs formulations avant de trouver celle qui convient le mieux. Relisez vos notes et posez-vous les questions suivantes : Est-il clair que nous avons pris ensemble la décision de divorcer ? Semblons-nous plus préoccupés par les enfants que par nous-mêmes ? Si la réponse à l'une ou l'autre de ces questions est négative, reformulez votre explication. »)

6. Répétez à chacun de vos enfants que vous les aimez.

7. Dites qui de vous deux quittera la maison familiale, quand cela se produira et où ce parent ira vivre. Dessinez un plan qui montre clairement où l'autre parent habitera, inscrivez-y son adresse et son numéro de téléphone et remettez une copie de ce plan à chacun de vos enfants.

8. Faites-leur part du calendrier des visites ou du coparentage. Indiquez-y clairement les jours où les enfants vivront chez l'un ou l'autre de vous deux. Pour ce faire, attribuez une couleur à papa et une autre à maman. Dites aux enfants à quel endroit vous afficherez ce calendrier. Certains parents notent sur ce « Calendrier familial » toutes les activités de la famille, notamment les rendez-vous chez le dentiste ou le médecin, les événements sportifs et les activités scolaires.
Si vous optez pour que les enfants ne se déplacent pas d'un foyer à l'autre, mais bien que les parents viennent séjourner avec eux tour à tour, dites-le-leur et inscrivez au calendrier les dates du séjour de chacun des parents.

9. Vous devez tous les deux signer l'engagement suivant :
« Parce que j'ai pris la responsabilité d'assurer à mes enfants une vie affective stable, je m'engage formellement à tenir ces derniers au courant des changements qui transformeront notre vie familiale. Au cours du conseil de famille, je m'engage à me préoccuper avant tout de leurs besoins. »

Maman : _____

Papa : _____

Quel est le meilleur moment pour tenir un conseil de famille ?

Carole, quarante-huit ans, était furieuse parce que son mari Joseph s'était enfui à l'improviste en compagnie de sa réceptionniste de vingt-deux ans. « Je ne sais pas ce qui m'a le plus choquée : le fait qu'il ait eu une maîtresse ou qu'il ait déguerpi en me laissant seule pour tout annoncer aux enfants. J'ai eu envie de lui expédier les enfants en avion pour les obliger, lui et sa petite copine, à se justifier auprès d'eux. Mais j'ai appelé ma meilleure amie et je me suis confiée à elle. Une fois calmée, j'ai réuni les enfants, je leur ai dit combien je les aimais, et je leur ai annoncé que leur père et moi allions divorcer. »

Annoncez votre divorce aux enfants au cours d'une réunion de famille, avant que l'un de vous n'ait quitté la maison. Une réunion bien planifiée aidera les enfants à comprendre que leurs parents ont pris leur décision non pas sur un coup de tête ou parce que l'un des enfants a mal agi, mais seulement après y avoir mûrement réfléchi. Ce conseil de famille devrait avoir lieu quelques jours avant le départ de l'un des parents. Tous les membres de la famille doivent être présents. Si l'un de vous a déjà emménagé ailleurs, sa présence à la réunion est néanmoins indispensable. Mais si l'un ou l'autre des parents refuse de participer à votre réunion, réunissez-vous quand même en son absence. Prévoyez une rencontre d'au moins une heure, mais pas davantage. (Cela est particulièrement important si vous avez de très jeunes enfants, car leur niveau d'attention est limité.) Vous devrez peut-être clore la réunion avant que chacun ait eu l'occasion de s'exprimer. Si c'est le cas, dites à vos enfants que leurs émotions et leurs inquiétudes sont importantes et planifiez une deuxième rencontre pour poursuivre votre discussion. Soyez direct, honnête et ouvert. Évitez de vous laisser aller au ressentiment envers votre conjoint et de le blâmer pour ce qui vous arrive. Vous éprouverez sans doute de la difficulté à vous contrôler puisque vous n'avez pas encore eu le temps d'assumer la réalité, mais n'oubliez pas que votre objectivité est indispensable à une bonne adaptation de vos enfants. Au cours de la première réunion et des rencontres subséquentes, ne perdez pas de vue la déclaration que vous et votre conjoint avez signée.

Prévenez les enfants plus âgés de la tenue d'un conseil de famille, mais accordez-leur un délai tout juste suffisant pour qu'ils planifient leur emploi du temps en conséquence. Prévenez les enfants plus jeunes à la dernière minute. Si vous leur annoncez cette réunion trop longtemps à l'avance, vous risquez d'accroître leur anxiété, surtout s'ils en devinent le motif. Ne discutez pas des détails de ce conseil de famille avant qu'il n'ait lieu. Dites seulement à vos enfants que papa et maman doivent discuter avec eux de certaines choses importantes. Assurez-les que vous répondrez à toutes leurs questions pendant la réunion.

Évitez d'annoncer votre divorce aux enfants ou de quitter la maison un jour de fête. Si vous leur faites part de la situation à Noël, à Pâques ou à leur anniversaire, ils associeront inévitablement ces deux événements. Les fêtes doivent être des occasions de se remémorer des événements agréables. Imaginez qu'un être cher meure le jour de l'Action de grâce. Chaque année, à l'Action de grâce, vous revivrez votre deuil. Simone, seize ans, m'a confié que son père, qui souffrait d'alcoolisme, avait quitté sa famille le jour de Noël. « Pourquoi a-t-il choisi de partir à Noël ? Chaque année, mes amis songent avec joie à leurs cadeaux. Moi, je déteste Noël. Sitôt que nous avons installé les décorations de Noël, ma mère se met à pleurer. Je vois des annonces publicitaires stupides où il est question de bonheur familial et ça me donne envie de vomir. Mes amis rêvent de ce qu'ils trouveront au pied de l'arbre. Moi, je revois les valises de mon père, alignées près de l'entrée, et ma sœur qui s'accrochait à papa en le suppliant de ne pas partir. Au fond, j'étais contente qu'il parte. Mais pourquoi a-t-il fallu qu'il gâche notre Noël ? »

Le divorce des parents est un deuil, même pour les enfants qui en viennent à souhaiter qu'il se produise. Il met fin à notre certitude de vivre au sein d'une famille heureuse. Même si votre famille ne semble pas heureuse, vos enfants espèrent sans doute en secret qu'elle le deviendra un jour. L'anniversaire de votre divorce pourrait leur remettre en mémoire la perte de cet espoir. Vous pouvez minimiser leur perte en choisissant le moment le plus approprié possible pour leur annoncer votre divorce et en faisant en sorte que ce pénible événement n'empiète pas sur leurs souvenirs heureux.

Réfléchissez dès maintenant au moment le plus opportun pour tenir un conseil de famille. Vous trouverez, en fin de volume, des pages de Notes personnelles et un aide-mémoire. Inscrivez-y le moment que vous avez choisi pour annoncer votre divorce à vos enfants et le jour où vous ou votre conjoint quitterez le domicile familial.

Pourquoi divorcez-vous ? Que dire à vos enfants ?

Solange, une adolescente de treize ans plutôt introvertie, avait peu d'amis. En me parlant du jour où son père lui avait appris qu'il divorçait, elle se rongeait les ongles et regardait par terre. « Mon père m'a dit qu'il partait parce que maman était une salope et qu'elle "baisait" avec notre voisin Michel. Il a dit qu'il ne supportait plus de vivre chez nous. Comment est-ce que j'aurais pu faire face à mes amis ? Depuis toujours, on dit que je ressemble à maman. Je savais qu'ils penseraient que je suis comme elle. » Les enfants se sentiront humiliés s'ils croient que le comportement de leurs parents rejaillira sur eux. Vous devez leur dire qu'ils n'ont aucune raison d'avoir honte et qu'ils ne sont nullement responsables de votre divorce. Humiliée, Solange n'a pas su faire appel à des adultes ou à des amis de son âge qui auraient pu l'aider à traverser cette période difficile.

Évitez que vos enfants ne se sentent humiliés en étant directs, en les regardant dans les yeux, et en leur expliquant les raisons de votre divorce, très clairement et sans parti pris. Vous leur donnerez ainsi la permission de vivre leur deuil et de pleurer. Faites en sorte de n'accuser personne :

- « Nous ne nous aimons plus. »

- « Nous n'avons pas réussi à régler nos conflits et nos problèmes, si bien que nous ne sommes plus heureux ensemble. »

- « Quand ta maman et moi nous sommes mariés, nous nous aimions et nous pensions que nous voudrions vivre ensemble jusqu'à la fin de nos jours. Mais, avec le temps, nos émotions, nos besoins, ce qui nous plaît et ce qui nous déplaît, tout cela s'est transformé et nous nous sommes éloignés l'un de l'autre. Nous ne sommes plus d'accord sur rien, et nous nous querellons. Il est devenu de plus en plus difficile pour nous de cohabiter, et nous ne sommes pas bien ensemble. Puisque nous ne sommes plus heureux dans notre mariage, nous avons décidé de divorcer. Ce qui nous a le mieux réussi, ce sont nos enfants. Nous vous aimons tous beaucoup, tous les deux. »

• « Votre papa et moi tentons depuis longtemps de résoudre nos problèmes. Mais nous n'y parvenons pas. Voilà pourquoi nous avons décidé de divorcer. Ça n'a pas été une décision facile, et nous en sommes très malheureux. Nous sommes tristes de devoir vous faire de la peine. Nous allons continuer de nous occuper de vous tous les deux, mais nous allons vivre séparément. Nous vous aimons beaucoup et nous vous aiderons le plus possible à ne pas souffrir de notre séparation. »

Pour expliquer aux enfants ce qu'est le divorce, je leur demande souvent quels étaient leur meilleur ami et leur loisir préféré il y a trois ans. Puis je leur demande qui est aujourd'hui leur meilleur ami et quel est leur jeu préféré. S'ils sont différents d'il y a trois ans, je leur explique que tout le monde évolue et que leurs parents, en évoluant, se sont éloignés l'un de l'autre.

Tenez compte de l'âge de vos enfants et de leur aptitude à comprendre les explications que vous leur donnez (nous décrivons au chapitre 7 les réactions typiques des enfants au divorce, eu égard à leur groupe d'âge). Lorsque ma sœur était en instance de divorce, mon fils, qui était alors âgé de cinq ans, me demanda si je me remarierais. Sans doute croit-il que si tante Christine divorce, je divorcerai aussi, me dis-je. Pendant vingt minutes, je lui expliquai que son papa et moi nous étions promis de nous aimer toujours et que nous nous efforcions de tenir notre promesse. Je lui dis aussi que, même s'il nous arrivait de nous quereller, nous essayions de régler nos problèmes et de nous pardonner. Mon fils attendit que j'aie terminé mon petit discours puis, confus, il fit : « Oui, mais je veux savoir si tu vas te marier avec papa une autre fois. Au mariage de tante Élaine, il y avait des cerises dans nos boissons gazeuses et je veux savoir quand nous allons en avoir d'autres. » Soyez bref. Ne bombardez pas vos enfants d'explications qu'ils ne peuvent pas comprendre. Ne craignez pas de ne pas les renseigner suffisamment. Si vous favorisez la communication entre vous, vos enfants vous poseront des questions si ce que vous leur dites ne suffit pas. Réfléchissez maintenant à des explications que vos enfants seront en mesure de comprendre. Inscrivez celles-ci dans la section Notes personnelles, en fin de volume.

Caro, cinq ans, demande à sa maman: «Puisque tu as cessé d'aimer papa, est-ce que tu vas cesser de m'aimer aussi?» Assurez vos enfants que vous les aimerez toujours. Expliquez-leur brièvement que l'amour des parents pour leurs enfants est différent de celui des parents l'un pour l'autre. Dites-leur que les parents ne cessent jamais d'aimer leurs enfants. Élisabeth dit ce qui suit à sa fille de huit ans: «Toi et moi avons les mêmes yeux bleus. Tu as le sourire de ton père et son sens de l'humour. Tu fais partie de nous deux et notre amour pour toi ne changera jamais.» Réfléchissez à cela et, dans la section Notes personnelles, notez en quoi votre amour pour vos enfants diffère de l'amour que vous avez déjà ressenti pour votre conjoint. Ces notes vous viendront en aide lors du conseil de famille.

Rassurez vos enfants. Dites-leur que vous les aimez encore et qu'ils continueront à vous voir tous les deux. Paul a dit à sa petite fille de quatre ans: «Ta maman et moi avons cessé de nous aimer, mais nous t'aimons encore. Nous sommes heureux de t'avoir eue, nous t'aimerons toujours et nous voulons que tu sois avec nous.» Que pourriez-vous dire à vos enfants pour les assurer de votre amour? Notez vos idées à la fin de cet ouvrage.

Quand vous aurez annoncé votre divorce à vos enfants, que vous aurez prêté l'oreille à leurs inquiétudes et que vous aurez répondu à leurs questions (ou si la réunion dure depuis une heure), mettez fin à votre rencontre. Dites aux enfants que vous les aimez et que vous continuerez d'être attentifs à leurs préoccupations au sujet de votre divorce. Dites-leur que vous aurez d'autres réunions auxquelles ils devront participer. Promettez-leur que vous les tiendrez au courant des développements. Insistez sur l'importance que vous accordez à leurs émotions et à leurs pensées. Notez au calendrier les dates de vos réunions futures. Ils comprendront que vous n'évitez pas le sujet et ils sauront que vous leur permettez d'exprimer ce qu'ils ressentent. Dites quelque chose comme: «Notre vie va vous paraître différente pendant un certain temps, jusqu'à ce que nous y soyons habitués. Si vous êtes confus, n'hésitez pas à vous confier à nous ou à nous poser des questions. Nous vous aimons beaucoup. Ce que vous pensez et ce que vous ressentez est très important pour nous.» Après le conseil de famille, notez dans la section Notes personnelles tous les points restés en suspens et tout ce qui doit encore être discuté seul à seul avec l'un de vos enfants, ou en groupe à l'occasion du prochain conseil de famille.

*Que faire si l'abandon, la violence ou l'incarcération
sont à l'origine de votre divorce ?*

Si l'un des deux parents a abandonné la famille et que vous ignorez où il se trouve ou s'il reviendra, dites-le. N'inventez pas d'histoires abracadabrantes pour justifier l'absence de votre conjoint. Ne le dépréciez pas. Ne mentez pas. Dites que l'autre parent est parti et que vous ignorez où il se trouve. Vous pouvez faire part à vos enfants des démarches que vous avez entreprises pour le retrouver, par exemple, que vous avez fait enquête auprès de parents et d'amis.

Benoît, six ans, a fait pour moi un dessin représentant une scène de *La Guerre des étoiles*. Quand je lui ai demandé qui en étaient les personnages, il a montré du doigt Luke Skywalker et a dit : « Ça, c'est moi. » Son papa était Hans Solo. Quand je lui ai dit que Hans Solo n'apparaissait pas sur son dessin, il a répondu : « Le Faucon du Millénaire manque à l'appel, mais l'escadron est parti à sa recherche. » Deux semaines plus tôt, au retour de l'école, Benoît avait constaté le départ inattendu de son père. La mère de Benoît ignorait où il se cachait. Longtemps, il avait fait usage de cocaïne. Elle le soupçonnait d'avoir repris son assuétude et de s'être réfugié chez un narcomane de ses amis. Elle dit à Benoît qu'elle ignorait où était son père, mais qu'elle avait téléphoné à grand-maman et à deux amis pour qu'ils la préviennent s'ils avaient de ses nouvelles. Lorsque j'ai demandé à Benoît ce que pouvait bien ressentir Luke Skywalker, il a eu l'air triste, mais il n'a pas dit que Luke était responsable de la disparition de Hans Solo. Le fait que sa famille et ses amis (l'escadron de Luke Skywalker) recherchaient son père permettait à Benoît de concentrer son attention sur leur amour pour son père plutôt que sur la situation qu'il devait vivre.

Si votre séparation est due à la violence physique, veillez avant tout à votre sécurité et à celle de votre enfant. Si vos enfants ont été témoins ou victimes de violence familiale, dites-leur pourquoi vous partez. Expliquez-leur que ni vous ni eux ne pouvez continuer à vivre de cette façon. Rappelez-vous que, même dans un contexte de violence, ce que vous direz de l'autre parent pourrait influencer l'image que votre enfant a de lui-même.

Si vous soupçonnez vos enfants d'être victimes de violence parentale ou s'ils se confient à vous, consultez immédiatement un thérapeute ou un service d'aide à l'enfance. On vous aidera à mettre au point une stratégie visant à évaluer la situation et à réagir en conséquence.

Si votre divorce est dû à la violence conjugale ou familiale, à l'abus d'alcool ou de drogue, consultez un thérapeute (au chapitre 13, vous trouverez des conseils sur la façon de dénicher un thérapeute compétent), si possible avant d'expliquer la situation à vos enfants. Si l'autre parent souffre d'une condition psychologique ou physique qui l'empêche de veiller au bien-être de vos enfants, expliquez-leur la situation en tenant compte de leur âge. Par exemple : « Maman a un problème de drogue. Quand elle aura réglé son problème, elle pourra te rendre visite. » Ou encore : « Papa a du mal à contrôler sa colère. Quand il parviendra à exprimer ce qu'il ressent sans faire de mal à quelqu'un, il pourra venir te voir. »

La séparation provisoire

Si les deux parents sont d'accord pour se séparer provisoirement, dites aux enfants que papa ou maman ira habiter ailleurs pendant un certain temps. Exposez-leur la raison de cette séparation. Expliquez-leur ce que vous comptez faire et où vivra votre conjoint. Assurez vos enfants qu'ils continueront de le voir et que vous les tiendrez au courant de vos décisions dès lors que celles-ci pourraient les affecter.

Si l'un de vous seulement désire divorcer et que ce parent quitte le domicile familial, il doit faire part aux enfants de son intention d'obtenir le divorce. Le parent qui refuse le divorce devra assumer seul ses émotions devant cette situation (ce problème particulier est abordé plus en détail au chapitre 12).

2

Le parentage
(Le droit de visite)

POINTS SAILLANTS

- Pour décrire les moments que vous passez en compagnie de vos enfants, recourez au mot « parentage » de préférence à l'expression « droit de visite ».
- Vos enfants ne devraient pas être libres de choisir avec quel parent ils iront vivre.
- Établissez et respectez un calendrier de parentage.
- Soyez ponctuel et n'annulez pas vos visites.
- Permettez aux enfants de répartir leurs vêtements et leurs jouets entre leurs deux domiciles ; faites en sorte qu'ils aient, dans chaque maison, un espace qui leur appartienne.
- Ne compensez pas pour vos absences en leur offrant trop de cadeaux ou en ne leur refusant rien.
- Permettez-leur de garder le contact avec leur autre parent quand ils sont avec vous.

« J'avais horreur de l'expression "droit de visite". Elle me donnait l'impression de n'être qu'un père provisoire ou un parent éloigné. » (Aurèle, père de trois enfants) Le fait d'appeler « parentage » et non pas « droit de visite » les moments que vous passez en compagnie de vos enfants contribue à conférer aux transformations dues au divorce un caractère de normalité. Si les enfants sentent qu'ils sont chez eux chez l'un ou l'autre de leurs parents plutôt qu'en « visite », ils auront davantage le sentiment d'appartenir à une vraie famille.

Passez du temps en compagnie de vos enfants le plus tôt possible après votre départ du domicile familial. Lorsque le père d'Angèle est parti, il n'a pas vu sa fille de trois ans pendant deux semaines. Au terme de leur rencontre, Angèle a dit à son père : « Je suis heureuse que tu m'aimes encore, papa. » Montrez à vos enfants que vous les aimez en les voyant dès que possible après votre départ. Cela vaut surtout pour les plus jeunes, dont la notion du temps n'est pas très développée.

Comment établir un calendrier de parentage

La durée du séjour des enfants chez chacun de leurs parents varie d'une famille à l'autre. Dans de nombreux cas, les enfants habitent chez l'un des parents pendant la semaine et chez l'autre une fois la semaine et un week-end sur deux. Ils habitent aussi en alternance chez leur père et chez leur mère pendant les congés et les vacances scolaires. Mais toutes sortes d'arrangements sont possibles, et de nombreux parents choisissent de répartir également entre eux les périodes de parentage. Lorsque les parents habitent dans des villes ou des régions éloignées l'une de l'autre, il arrive que les enfants passent l'été chez l'un d'eux et l'année scolaire chez l'autre. Certains accueillent leurs enfants tour à tour une semaine sur deux. Votre emploi du temps déterminera ce choix, comme ce fut le cas pour France et Charles. France est infirmière. Du vendredi au dimanche, elle est en service par périodes de douze heures, tandis que Charles travaille du lundi au vendredi. France prend les enfants le lundi après la classe et les garde jusqu'à leur départ pour l'école le vendredi matin. Charles s'en occupe à son tour de leur sortie de l'école le vendredi jusqu'au lundi matin. Ils évitent ainsi aux enfants d'aller en garderie et passent beaucoup de temps en leur compagnie.

Il revient aux parents de choisir ce qui leur convient le mieux. L'âge des enfants et la répartition des responsabilités parentales avant le divorce doivent entrer en ligne de compte dans ce choix. Quand de petits enfants se sont toujours fait border le soir et réveiller le matin par un seul et même parent, il leur faut un certain temps pour s'habituer à ce que l'autre parent s'en charge aussi. Les jeunes enfants ont également besoin de contacts plus fréquents avec leur père et leur mère. Dans le cas d'enfants plus âgés, tenez compte de leur horaire scolaire et de leurs activités sociales pour établir votre calendrier de parentage. Il importe de ne pas oublier que vos enfants doivent profiter le plus possible de votre compagnie à tous deux, du moment que cela n'a pas lieu au détriment de leurs études ou de leurs activités parascolaires, notamment les concerts, les pièces de théâtre ou les compétitions sportives. Si, par exemple, votre enfant doit remettre bientôt une dissertation ou participer à un concours de natation, il serait préférable que, dans les jours qui précèdent cet événement, il habite chez celui de ses parents dont les disponibilités sont telles qu'il peut le conduire au besoin à la bibliothèque ou à la piscine. Cela ne signifie nullement que les enfants devraient établir eux-mêmes le calendrier de parentage : cette responsabilité échoit aux parents. « Quand mon papa m'a posé la question, j'ai dit que je voulais aller vivre avec lui. Mon frère, l'athlète de la famille et le chouchou de papa, a dit qu'il voulait vivre avec maman. Moi aussi, je voulais vivre avec maman, mais j'avais enfin la chance de devenir le préféré de mon père. » (Théo, douze ans) L'établissement des conditions de logement et du calendrier de parentage est une responsabilité d'adultes. Si l'on permet aux enfants de choisir eux-mêmes où ils iront vivre, c'est l'impasse. Quoi qu'ils fassent, le parent qu'ils ne choisiront pas en sera blessé. En outre, les enfants auront la possibilité de vous manipuler en menaçant d'aller vivre ailleurs. Une telle décision exige une maturité que les enfants n'ont pas. Leurs parents sont là pour prendre ces décisions à leur place. Cela ne signifie pas que vous ne deviez pas être attentif à leurs désirs et à leurs préférences dans ce domaine. Si vos enfants vous disent qu'ils veulent aller vivre chez votre ex-conjoint, aidez-les à découvrir les raisons de ce choix et à développer des stratégies pour qu'ils puissent affronter leurs difficultés sans recourir à un déménagement. Par exemple, si votre fille vous lance : «Tu ne me laisses jamais faire ce que je veux. Je m'en vais vivre avec papa ! » dites-lui : «Je conçois que tu sois fâchée que je ne te permette pas d'aller à cette soirée. La prochaine fois qu'on t'invitera à une fête, préviens-moi d'avance pour que j'aie le temps de consulter les parents de tes amis avant de prendre une décision. »

Vous avez tout intérêt, pour vous-même et pour vos enfants, à établir votre calendrier de parentage d'un commun accord. Les tribunaux ont tendance à approuver une proposition commune. Mais si vous ne parvenez pas à vous entendre, le juge décidera pour vous et sa décision pourrait ne pas vous convenir. Efforcez-vous de mettre au point un calendrier de parentage en collaboration avec votre ex-conjoint.

Où devraient vivre les parents et les enfants ?

Supposons que les parents soient d'accord pour que les enfants aient un domicile fixe et que le père et la mère y emménagent tour à tour. Cette solution est de loin la moins éprouvante pour les enfants. Mais un tel arrangement convient rarement aux parents. Une autre solution consiste à faire en sorte que les deux parents habitent le même quartier. Cette proximité permet aux enfants de se rendre chez l'un ou chez l'autre à pied ou à vélo et facilite aussi la vie des parents puisqu'elle leur évite de voiturer les enfants après l'école. «Ce n'était pas facile pour moi de vivre dans le voisinage immédiat de mon ex-mari. Quand je le croisais à l'épicerie ou que je l'apercevais en compagnie de sa nouvelle amie, j'en avais des crampes d'estomac. Mais cela me permettait de voir mes enfants plus souvent. Quand leur père était au travail, ils enfourchaient leur vélo et venaient me trouver. On s'installait dans la véranda pour manger une glace. Cette situation les arrangeait aussi. Ils pouvaient voir leurs amis même quand ils vivaient avec moi, et ils se rendaient à l'école à bicyclette. » (Claire, cinq enfants) Certes, une telle proximité entre ex-conjoints peut être dure pour le moral, mais elle favorise la participation des parents aux activités quotidiennes des enfants.

À la suite du divorce de ses parents, Anne, dix ans, dut aller vivre dans une autre ville. « Non seulement j'ai perdu mon père, mais quand maman et moi avons déménagé, j'ai aussi perdu ma meilleure amie. » Si possible, l'un des deux parents devrait continuer à occuper la résidence familiale pendant au moins un an après le divorce. Ce délai contribuera à réduire le niveau de stress inévitable dans de telles circonstances. En outre, les enfants pourront continuer à fréquenter la même école et à voir leurs amis.

Comment faciliter la transition d'un domicile à l'autre

- Déterminez clairement les moments où les enfants vivront chez l'un et chez l'autre de leurs parents.

  Mettez à jour le calendrier de parentage que vous avez remis à vos enfants à l'occasion du premier conseil de famille. Assurez-vous d'employer une couleur pour les périodes passées chez papa et une autre couleur pour les périodes passées chez maman. Les enfants qui savent par avance à quel moment ils verront l'autre parent en éprouvent un sentiment de sécurité qui les aide à assumer leur deuil.

- Soyez ponctuel et fidèle à vos rendez-vous.

  « Je m'assoyais sur les marches du perron et j'attendais que mon père arrive. Quand il finissait par se montrer, j'étais si furieuse que j'avais envie de lui dire que je ne voulais pas le voir. Mais je me taisais, parce qu'il m'avait beaucoup manqué. J'avais peur que, si je lui disais ce que je ressentais, il ne vienne plus. » (Chantale, dix ans) Respectez vos engagements. Soyez ponctuel et fidèle à vos rendez-vous tant à l'aller qu'au retour. Évitez d'annuler vos visites. Quelle que soit votre excuse, quand vous arrivez en retard ou quand vous annulez un rendez-vous, vos enfants en souffrent. Ils croiront qu'ils ne comptent pas pour vous ou que vous ne les aimez pas si vous annulez fréquemment vos visites ou si vous n'êtes jamais ponctuel. Leur famille, qui ne devait jamais se dissoudre, n'existe plus dans les faits. Vos enfants doivent avoir de nouveaux points d'appuis. Il leur faut être libres pour s'amuser, exceller dans leurs études, apprendre à devenir des personnes responsables et acquérir des aptitudes sociales. Ils ne devraient pas dépenser leur énergie à vous attendre en regardant par la fenêtre et en se demandant pourquoi vous n'êtes pas encore là.

Bien sûr, il peut arriver que vous ayez un empêchement ou que vous soyez retardé. Dans ce cas, prévenez-les, et dites aussi à votre ex-conjoint que vous arriverez avec un peu de retard. Vos enfants sauront que vous serez là bientôt et, à votre arrivée, vous éviterez les confrontations hostiles avec l'autre parent.

Montrez-vous flexible quand vos enfants requièrent des changements à l'horaire. « Quand j'ai demandé à papa si je pouvais retarder d'une semaine notre week-end ensemble pour pouvoir me rendre avec maman à une fête de famille, il a été parfait. Il a dit que je lui manquerais, mais il m'a souhaité de bien m'amuser. » (Charlotte, onze ans) Acceptez de modifier le cas échéant votre calendrier de parentage à l'occasion des vacances ou d'un événement spécial. Discutez-en par avance avec toutes les personnes concernées.

• Deux parents = deux domiciles

« La première fois que je suis allé vivre chez mon père après le divorce de mes parents, j'ai trouvé ça très bizarre. Il habitait un tout petit appartement au troisième étage d'un vieil édifice. Mais quand j'ai vu qu'il avait aligné tous mes trophées de base-ball et mes photos préférées sur une étagère, dans ma chambre, je me suis senti mieux. » (Luc, douze ans) Faites en sorte que vos enfants aient une pièce à eux tant chez leur père que chez leur mère, et permettez-leur de vous aider à la décorer. Qu'ils aient leur propre chambre, ou tout au moins leur lit, leur placard, leurs tiroirs de commode ou même, si vous manquez d'espace, leur propre étagère. N'y changez rien quand vos enfants vous quittent pour retourner chez leur autre parent. S'ils ont la permission de laisser dans leur domicile de passage quelques vêtements, des jouets ou des articles de toilette, ils auront le sentiment d'être chez eux aux deux endroits. En outre, s'ils ont des vêtements et des jouets dans chaque maison, un sac à dos leur suffira pour le transport de leurs effets personnels et ils n'auront pas à faire et défaire chaque fois leur valise. Certes, l'achat de deux garde-robes peut se révéler coûteux, mais la transition en sera facilitée d'autant. Partagez à deux le coût d'un seul manteau d'hiver ou d'une bonne paire de bottes, mais achetez deux séries de sous-vêtements, de chaussettes ou de pyjamas. Permettez aussi aux enfants de transporter d'une résidence à l'autre des vêtements et des jouets qu'ils aiment plus particulièrement. Assurez-vous que les enfants très jeunes n'oublient ni leur couverture préférée ni leur toutou favori.

Faites une liste des vêtements, des jouets, des articles de toilette et des fournitures scolaires qu'ils emporteront avec eux à chacun de leurs déplacements d'un domicile à l'autre. Ils s'habitueront ainsi à planifier leurs séjours et éviteront les oublis ennuyeux. Voici un exemple dont vous pourrez vous inspirer.

Ma trousse personnelle

Cartable
Manuels et autres fournitures scolaires nécessaires
Livres et revues
Journal intime
Lunettes
Appareil orthodontique ou autre équipement médical
Médicaments
Équipement sportif
Souliers, bottes, sandales
Vêtements de sortie
Vêtements de jeu
Manteaux, moufles, bonnets ou tuques
Couverture ou peluche préférées
Instrument de musique et musique en feuille

Notez dans la section Notes personnelles tous les articles qui vous viennent à l'esprit.

• Arpentez votre nouveau quartier.
«J'étais très fâché au début de devoir déménager dans une autre ville. Mais quand maman m'a fait voir l'immense terrain de foot à côté de chez nous, ça m'a enthousiasmé.» (Cédric, onze ans) Si vous devez absolument déménager, arpentez votre nouveau quartier. Présentez-vous et présentez vos enfants à vos nouveaux voisins. Sachez où se trouvent les parcs et allez explorer l'école du quartier. De telles visites préalables à l'inscription sont fréquentes. Compte tenu des intérêts particuliers de vos enfants, montrez-leur où se trouvent le laboratoire de science, le terrain de basket-ball ou le studio de ballet.

• Évitez les confrontations avec votre ex-conjoint quand vous venez chercher vos enfants ou que vous les ramenez.
Le père de Sophie, que le comportement de sa fille de dix ans inquiétait, me contacta. Quand approchait l'heure pour lui de ramener Sophie chez sa mère, l'enfant devenait irritable et rebelle. Elle se plaignait de maux d'estomac, s'enfermait souvent dans sa chambre et refusait de parler à quiconque. Appréhendant un problème entre sa fille et son ex-femme, le papa de Sophie espérait que je puisse aider l'enfant à assumer leur divorce. Pendant plusieurs semaines, j'ai fait parler Sophie de ce qu'elle ressentait et je lui ai demandé de décrire sa situation familiale au moyen de dessins et de collages. Sophie, qui était fille unique, me confia que ses parents se querellaient chaque fois que son père la ramenait chez sa mère. «Maman se met en colère si j'ai oublié mes lunettes ou mes gants, ou si papa n'a pas veillé à ce que je fasse mes devoirs. Papa se met à crier à son tour parce que maman ne lui a pas dit que j'avais des devoirs à faire, et que de toute façon, mes devoirs sont ma responsabilité. Ça me rend malade. J'ai horreur des dimanches soir.» Sophie aimait beaucoup ses parents; elle voulait vivre auprès de chacun d'eux. Elle semblait avoir accepté leur divorce, mais elle se sentait prise en otage du fait de leurs querelles incessantes. La mère de Sophie refusa de me rencontrer, mais je fus en mesure d'ai-

der son père à atténuer l'hostilité des retours de Sophie chez sa mère. Il évita de se quereller avec son ex-femme devant leur fille. Il convint avec elle de l'appeler tous les lundis matin, après le départ de Sophie pour l'école, afin de discuter avec elle des problèmes survenus au cours du week-end. Même s'ils ne s'entendaient pas mieux qu'avant, les parents de Sophie ne se querellaient plus en présence de leur fille. Les maux d'estomac de Sophie s'estompèrent et il lui devint plus facile, le dimanche, de dire à son père qu'il lui avait beaucoup manqué. Le moment où l'un des parents cueille ou dépose ses enfants chez son ex-conjoint est intense et chargé d'émotion tant pour les parents que pour les enfants. Il se peut que vous éprouviez du soulagement à la pensée de ne plus entendre les chamailleries des enfants ou de ne pas être contraint de faire le taxi pendant quelques jours, tout en ressentant une certaine tristesse due à cette séparation provisoire. Il se peut que vos enfants éprouvent un sentiment de perte à la pensée de vous quitter, tout en étant heureux de retrouver l'autre moitié de leur famille. Dans la plupart des cas, le temps rend cette transition moins douloureuse, mais il peut arriver que ces émotions contradictoires se perpétuent. Les conseils suivants vous aideront à atténuer les effets néfastes de ces allées et venues.

1. Préparez vos enfants en leur rappelant à quel point vous avez été heureux de passer quelques jours en leur compagnie. Rassurez-les en leur disant qu'ils vont bien s'amuser chez leur autre parent. Ils sauront qu'ils ont la permission de s'y trouver bien. Dites-leur que vous les aimez et qu'ils vous manqueront. Si votre enfant se fait du souci pour vous quand vous êtes séparés, dites-lui à quoi vous vous occuperez en son absence. Par exemple, vous redécorerez la cuisine, vous irez au restaurant avec des amis, vous lirez un livre. L'enfant sera moins anxieux de vous quitter.

2. La veille du départ de l'enfant, communiquez par téléphone avec votre ex-conjoint pour tenir celui-ci au courant des dernières nouvelles concernant vos enfants et pour lui faire part de leurs prochaines activités. Par exemple : « Stéphane a été absent de l'école deux jours à cause d'une otite. Il doit prendre une cuillerée à thé d'Amoxicilline trois fois

par jour», ou «Joseph a rompu avec sa petite amie hier soir. Il a beaucoup de peine», ou «Thomas a une compétition de natation samedi matin à 8 heures». Assurez-vous que les enfants ne peuvent pas entendre votre conversation et efforcez-vous de vous concentrer sur leurs besoins.

3. S'ils ont dormi chez vous, faites-leur prendre un bain, servez-leur un repas et assurez-vous qu'ils portent des vêtements propres avant de les ramener chez votre ex-conjoint.

4. Aidez-les à faire leurs devoirs avant de les ramener chez votre ex-conjoint.

5. Quand vous les déposerez chez votre ex-conjoint, ne leur confiez pas de messages à son intention. Dites-leur seulement «Amusez-vous bien», et abordez les questions parentales entre vous deux, par téléphone. Si vous devez faire part à l'autre parent d'une question importante et urgente, transmettez-la-lui par écrit, directement. Ne confiez pas ce billet à vos enfants. Si les relations sont très tendues entre vous et votre ex-conjoint (cette tension est fréquente dans les premières semaines suivant une séparation), dites au revoir à vos enfants en privé, avant qu'ils ne quittent votre domicile ou votre voiture.

6. Le jour du déplacement, soyez conscient des changements qui pourraient affecter le bien-être physique de vos enfants. Par exemple, si votre ex-conjoint a l'habitude de réveiller les enfants à 6 heures pour les conduire à la garderie, veillez à ce qu'ils se couchent tôt la veille. Si vous savez qu'ils se coucheront plus tard le soir du transfert, faites-leur faire une sieste dans l'après-midi. Ne laissez pas le ressentiment vous empêcher d'agir de la sorte ; vous ne prenez pas ces précautions pour faciliter la vie à votre ex-conjoint, mais pour assurer le bien-être de vos enfants. «Mon ex-femme avait de véritables manies alimentaires. Ça me rendait fou. Elle ne permettait jamais aux enfants de manger des sucreries. Je conduisais les enfants à l'école le lundi matin et elle venait les prendre à leur sortie de l'école. Tous les lundis, invariablement, elle les réprimandait. Elle disait

que les «cochonneries» que je leur donnais à manger les rendaient hyperactifs. Je ne croyais pas qu'un biscuit ou deux puisse les rendre hyperactifs, mais je ne parvenais pas à l'en convaincre. Son irascibilité bouleversait beaucoup les enfants, si bien que j'ai pris l'habitude de leur donner des collations très diététiques le lundi. Les autres jours, je leur permettais de manger des bonbons ou des biscuits. Pas le lundi. Comme ça, leur mère ne les réprimandait pas par ma faute.» (Dominique, trois enfants)

Dans les Notes personnelles, en fin de volume, notez tout ce qui pourrait faciliter le transfert des enfants d'un domicile à l'autre.

À quoi occupez-vous vos périodes de parentage?

«Je me doutais bien que ça embêtait mon père que je passe la journée avec lui. Dès notre arrivée, il s'installait à son ordinateur et il me laissait seul. Pendant le dîner, il lisait son journal. Ensuite, il me ramenait chez ma mère. Je crois qu'il insistait pour me voir juste pour se venger de maman.» (Antoine, quatorze ans) Lorsque les parents font semblant de s'occuper des enfants sans vraiment leur consacrer du temps, les enfants éprouvent un sentiment de rejet. Efforcez-vous le plus possible de voir vos amis et de planifier vos voyages d'affaires en leur absence. Soyez attentif à vos enfants, accordez-leur du temps: ils sauront que vous les aimez et que vous êtes heureux en leur compagnie.

Ne compensez pas pour vos absences en leur offrant quantité de cadeaux ou en cédant à tous leurs caprices. Les enfants ont besoin de savoir que leurs parents dominent la situation et qu'ils leur imposent des limites à ne pas franchir. Ils doivent apprendre que l'amour ne s'achète pas. S'ils sont les otages des parents, ils en viendront à manipuler ces derniers au lieu de développer de bonnes aptitudes à la résolution de problèmes.

L'exercice qui suit vous aidera à découvrir des façons d'occuper agréablement les moments que vous passez en compagnie de vos enfants.

EXERCICE 2 : CE QUE J'AIMERAIS FAIRE
AVEC PAPA OU MAMAN

Étape 1 : Demandez à votre enfant d'encercler les activités aux-quelles il aimerait s'adonner en votre compagnie. Si vous avez plus d'un enfant, donnez à chacun sa propre liste ou un crayon de cou-leur différente. Vous pourrez ensuite vous adonner à ces activités avec chacun de vos enfants ou en groupe. Si vous optez pour des activités de groupe, demandez à chacun de vos enfants d'en choisir une, tour à tour. Si vous détestez au plus haut point certaines de ces activités, rayez-les de la liste ; ce ne serait agréable ni pour vous ni pour vos enfants que vous vous embêtiez.

se faire des câlins
lire une histoire
aller à vélo
inventer des histoires
faire de la natation
monter une pièce de théâtre ou un spectacle de marionnettes
faire du patin à roulettes
jouer à des jeux de société
faire une promenade
jouer à l'ordinateur
faire du toboggan
faire du cerf-volant
pique-niquer
faire un bonhomme de neige ou dessiner des anges dans la neige,
    et les décorer avec des graines de tournesol
faire une promenade au parc
construire un fort en forêt, dans la neige ou dans la maison
jouer aux cartes
chanter des chansons
organiser un thé de 17 heures
aller à la plage
faire une balade en auto
faire une randonnée en forêt
aller à la pêche
jouer à la balle
jouer au foot

jouer au basket-ball
construire des miniatures
jouer à saute-mouton
dessiner
ramasser des cailloux, des coquillages ou des feuilles
danser
manger des céréales au souper
jouer à colin-maillard
faire de la pâtisserie
raconter des plaisanteries
jouer à cache-cache
faire du jardinage
faire du bricolage
créer des coiffures extravagantes avec de la mousse de shampoing
s'étendre dans l'herbe, regarder les nuages et dire à quoi ils
    ressemblent

Étape 2 : Dans la section Notes personnelles, relevez, avec le concours de votre enfant, d'autres activités auxquelles vous aimez vous adonner ensemble. Imaginez des loisirs qui ne coûtent pas cher. Le but de l'opération n'est pas tant d'amuser vos enfants que de leur consacrer du temps.

Étape 3 : Choisissez une activité et adonnez-vous-y tout de suite. Ainsi, vous ferez comprendre à votre enfant que vous avez vraiment l'intention d'accepter ses suggestions de loisirs. Remettre à plus tard éveillera sa méfiance et sa colère. Vos enfants ont besoin de savoir que vous tiendrez vos promesses et qu'ils peuvent compter sur votre présence.

Étape 4 : Choisissez, pour plus tard, une autre activité et inscrivez-la au calendrier familial.

Quand je manque d'inspiration, je trouve toujours des idées amusantes dans l'ouvrage de Steve et Ruth Bennett, *100 idées pour occuper vos enfants chez vous — sans la télé!* Mes enfants y choisissent eux-mêmes un passe-temps auquel nous pouvons nous adonner ensemble. Vous trouverez d'autres ouvrages similaires à la fin de ce livre. Internet regorge aussi de suggestions. Grâce à Internet, ma fille et moi avons découvert la manière de tailler des imperméables pour ses Beanie Babies dans des sacs Ziploc. *101 Ways to Make Your Child Feel Special,* de Vicki Lanski, est aussi fort riche d'idées. En voici une, que j'ai adaptée.

EXERCICE 3 : LE BLASON

Matériaux
papier bristol de différentes couleurs
crayons de couleur, crayons de cire ou marqueurs
papier transparent autocollant
crayons

Étape 1 : Rassemblez vos enfants et dites-leur que vous allez créer ensemble un blason qui symbolisera votre famille. Si vos enfants sont suffisamment âgés, montrez-leur des exemples de blasons tirés d'une encyclopédie. Expliquez-leur qu'au Moyen Âge, les soldats arboraient, sur leur bouclier, le blason de leur famille ou de leur clan.

Étape 2 : Énumérez les loisirs que avez en commun : activités sportives, lecture, musique, camping et ainsi de suite.

Étape 3 : Choisissez un symbole facile à dessiner pour représenter cette activité. Par exemple, si vous aimez la musique, votre symbole pourrait être une croche. Si vous aimez le camping, optez pour une tente.

Étape 4 : Tracez le contour du blason.

Étape 5 : Dessinez le symbole choisi au centre du blason.

Étape 6 : Coloriez-le.

Étape 7 : Recouvrez le tout de papier transparent.

Étape 8 : Découpez.

Étape 9 : Fixez votre blason familial sur la porte.

Il est normal que les enfants se languissent de leur père quand ils sont chez leur mère, et vice versa. Permettez à vos enfants de rester en contact avec leur autre parent par téléphone quand ils sont avec vous. Cela est particulièrement important dans le cas de très jeunes enfants qui requièrent la présence fréquente de leurs deux parents. Il en va de même lorsque les deux domiciles sont distants de quelques centaines de kilomètres ou lorsque les enfants sont séparés de leur autre parent depuis plus d'une semaine. S'il ne leur est pas possible de parler directement au parent éloigné, demandez-leur de lui écrire ou de lui préparer une cassette. Lorsque vous et vos enfants vivez séparément, adressez-leur de petits messages ou de jolies cartes pour qu'ils sachent que vous pensez à eux. Dans la section Notes personnelles, énumérez les différents moyens à votre disposition pour communiquer avec vos enfants quand vous êtes séparé d'eux. Par exemple, si vous avez tous accès à Internet, adressez-vous des courriels.

Les vacances de Noël

Les vacances de Noël, pour une famille déchirée par un divorce, présentent un bon et un mauvais côté. La joie qu'elles procurent est parfois teintée de stress et de souffrance. En feuilletant des albums de photos, l'on ne peut s'empêcher de songer avec tristesse aux joies familiales maintenant révolues. Déjà, pour plusieurs d'entre nous, il est difficile de réaliser tous nos rêves faute d'argent ou de temps. Un divorce aggrave cette situation, car les parents doivent se partager les enfants pendant les Fêtes. N'essayez pas de regagner le temps perdu ou de vous disputer l'amour et la loyauté de vos enfants. Efforcez-vous de vous entendre avec votre ex-conjoint. Par exemple, dans certaines familles, les enfants passent la veille de Noël avec un parent et le jour de Noël avec l'autre. Ailleurs, surtout lorsqu'une grande distance sépare les familles, les enfants passent Noël chez l'un et le jour de l'An chez l'autre. Si vos enfants sont tristes à la pensée d'être éloignés de l'un de leurs parents à Noël, rappelez-leur qu'ainsi ils célébreront les Fêtes deux fois. Discutez aussi avec votre ex-conjoint des cadeaux que vous leur offrirez et prévoyez ce que chacun achètera. N'oubliez pas que le cadeau le plus précieux que vous puissiez offrir à vos enfants consiste à leur donner la permission de vous aimer tous les deux.

Les animaux de compagnie

«Quand j'ai pris la décision de quitter mon mari, Jérémie, je n'ai pas réfléchi à ce qui adviendrait de notre chien Socrate. Je m'inquiétais des enfants, je me demandais comment nous nous habituerions à vivre en appartement, si bien que j'ai oublié de demander au propriétaire si nous avions le droit de garder un animal de compagnie. Quand j'ai dit aux enfants que nous ne pourrions pas emmener Socrate avec nous, qu'il devrait aller vivre chez papa, cette nouvelle les a terrassés. Mon fils Jules a dit que si Socrate ne venait pas vivre avec nous, lui aussi irait vivre chez son père. Ma fille Mélanie s'est mise à crier que je n'avais jamais aimé Socrate parce qu'il mettait la maison sens dessus dessous et que je devais être contente de pouvoir enfin me débarrasser de lui.» (Sylvie, deux enfants)

Le moment venu de répartir les responsabilités de chacun, demandez-vous ce que vous ferez de vos animaux de compagnie. En vous inspirant des conseils que vous trouverez au chapitre 5 pour la bonne tenue d'un conseil de famille, réunissez vos enfants et votre ex-conjoint et explorez ensemble les différentes avenues qui s'ouvrent à vous. Discutez avec les enfants tant de leurs émotions que des besoins des animaux domestiques. Analysez chaque solution sous toutes ses coutures, puis prenez votre décision en tenant compte du bien-être de chacun et de celui de votre animal de compagnie. Vous devrez sans doute prévoir plusieurs réunions si les membres de la famille doivent rassembler des informations sur chacune des solutions possibles avant que vous puissiez prendre une décision. Par exemple, si vous envisagez de donner votre chien à un organisme qui procure des chiens voyants aux personnes atteintes de cécité, quelqu'un devra s'assurer que votre chien est admissible à un tel programme d'aide.

«Mes parents sont décédés quand j'avais six ans. Heureusement, ma grand-mère était assez sensible pour se rendre compte que j'avais plus que jamais besoin de mon chien Hermès. Ma sœur aînée m'a dit plus tard qu'elle avait entendu grand-maman dire à grand-papa: «Hermès vient avec les enfants.» Je me suis accrochée à lui pendant toute mon enfance. Il m'écoutait pleurer, il léchait mon visage pour me consoler. J'ignore ce que j'aurais fait sans lui.» (Élaine, vingt ans) Vos enfants subissent une perte immense au moment d'un divorce; ils ont besoin de s'accrocher à leur animal de compagnie, de lui parler et de sentir qu'on les aime sans condition. Ils voudront sans doute que leur animal domestique les accompagne d'un domicile à l'autre. Si vous envisagez cette solution, posez-vous d'abord les questions suivantes :

- L'animal est-il plus particulièrement attaché à l'un des membres de la famille ? Certaines races, par exemple les chows-chows, n'ont qu'un maître. Si ce maître est l'un des parents, l'animal éprouvera sans doute des difficultés d'adaptation.

- L'animal vit-il dehors ? Dans l'affirmative, pourra-t-il vivre dehors en toute sécurité aux deux endroits ?

- L'animal tolère-t-il bien les déplacements en voiture ?

- Les deux parents sont-ils disposés à l'accueillir chez eux ?

- Qui se chargera de le nourrir, de lui faire faire sa promenade, de lui donner son bain ?

- Qui assumera les frais de nourriture, de toilettage et des visites chez le vétérinaire ?

La routine est bénéfique tant pour les animaux que pour les enfants. Si vous choisissez de permettre à l'animal d'accompagner vos enfants d'une résidence à l'autre, assurez-vous que :

- ses gamelles et, le cas échéant, sa litière, sont toujours au même endroit dans chaque maison ;
- votre ex-conjoint sait que l'animal doit prendre des médicaments ;
- la responsabilité des visites chez le vétérinaire, des registres de vaccination, et ainsi de suite, a été déterminée d'un commun accord.

Chaque année, quand nous partons en vacances, ma fille me dit : « Seldane s'ennuie de moi. » En réalité, elle décrit sans doute ses propres émotions, et non celles du chat. Si vos enfants doivent quitter leur animal de compagnie chaque fois qu'ils changent de résidence, ils subissent un deuil. Un petit truc pour aider à la fois votre enfant et son animal de compagnie : déposez dans le lit de l'animal un t-shirt porté par l'enfant. L'enfant saura qu'il réconforte son animal et il se sentira rassuré de savoir que l'animal l'aime et a besoin de lui.

Si aucun de vous deux ne peut accueillir l'animal de compagnie, convenez ensemble de l'endroit où il ira vivre. Les questions qui suivent pourront faciliter cette prise de décision.

- Si la solution consiste à donner l'animal à un membre de la famille ou à une famille amie, ces personnes accepteront-elles d'écrire aux enfants et de leur adresser des photos de leur animal de compagnie?
- Sera-t-il possible à vos enfants de lui rendre visite? Ces visites leur seront-elles bénéfiques ou néfastes?
- Si vous optez pour conduire l'animal à la fourrière, sera-t-il confié à une famille d'accueil, vendu à un laboratoire de recherche ou euthanasié?

En dépit des difficultés, il est bon que vos enfants prennent part à cette décision. Ils l'accepteront plus facilement et s'adapteront plus vite à l'absence de leur animal préféré.

Le parentage à distance

Si vous et vos enfants habitez dans des villes ou des provinces différentes, les conseils ci-après vous aideront à préserver la qualité de vos relations avec eux.

- Faites en sorte de vous rendre mutuellement visite. Évitez que ce soit toujours la même personne qui se déplace. Un père vivait loin de ses enfants. Désireux de leur éviter de parcourir une grande distance pour le voir, il se rendait lui-même dans la ville où vivaient ses enfants et s'installait à l'hôtel pour la durée du week-end. Ses enfants venaient l'y retrouver et prenaient grand plaisir à nager avec leur père dans la piscine de l'hôtel. Pendant l'été, les enfants allaient s'installer chez leur père dans le sud. Un autre père devait souvent se rendre pour affaires dans la ville voisine de celle où vivaient ses enfants. Il prévenait la mère de ses enfants quelques jours à l'avance, et pouvait ainsi leur consacrer du temps entre ses rendez-vous. Les enfants s'installaient aussi chez lui pendant six semaines chaque été, et lui rendaient visite tous les deux congés scolaires.

- Téléphonez à vos enfants une fois la semaine, si possible le même jour.

- Donnez aux enfants des enveloppes pré-adressées et pré-timbrées. Ils seront davantage portés à vous écrire, à vous envoyer des photos, leurs bulletins scolaires, et ainsi de suite.

- Échangez avec vos enfants des photos et des messages sur vidéocassette et audiocassette.

- Si vous avez tous accès à Internet, adressez-vous des courriels.

- Faites en sorte que vos enfants visitent aussi les autres membres de votre famille.

Lorsqu'un parent reste hors d'atteinte

Les enfants ne comprennent pas toujours très bien pourquoi un parent décide de ne pas les voir. Souvent, ils se croient responsables de ce fait et se demandent ce qu'ils ont bien pu faire pour lui déplaire. Leur estime de soi est atteinte ; ils éprouvent un sentiment de rejet et se sentent mal-aimés. Si votre ex-conjoint opte pour rompre tout contact avec ses enfants, expliquez-leur qu'ils n'y sont pour rien. Aidez-les à comprendre qu'il est incapable de leur assurer la présence dont ils ont besoin et à ne pas s'en tenir responsable. Dites-leur que ce n'est pas parce qu'ils ne sont pas sages, parce qu'ils sont méchants ou indignes d'amour. Si vous ignorez les motifs de la désaffection de votre ex-conjoint, dites à vos enfants que vous ne savez pas au juste ce qui l'empêche de vivre une relation enrichissante avec eux. Il peut être utile de leur dire aussi que certaines personnes doivent lutter contre des problèmes graves qui les empêchent de voir leurs enfants. Dites-leur que, peut-être, leur parent se sent coupable ou malheureux. S'il se débat avec un problème de drogue ou d'alcool, expliquez-leur pourquoi une telle dépendance peut l'empêcher d'être un bon père ou une bonne mère pour ses enfants. Dites-leur que vous les aimez et que d'autres adultes les aiment aussi. Incitez-les à fréquenter des personnes en qui ils ont confiance. Rappelez-leur que la présence de membres de la famille ou d'amis qui les estiment, les aiment et les admirent peut les aider à surmonter leur sentiment de solitude. Soulignez aux adolescents et aux jeunes adultes que les problèmes affectifs du parent absent ne les empêcheront pas d'être à leur tour de bons parents, puisqu'ils possèdent toutes les qualités voulues pour le devenir. Si vos enfants tolèrent très difficilement l'absence de votre ex-conjoint, n'hésitez pas à consulter un conseiller ou un thérapeute. (Le chapitre 13 vous aidera en ce sens.)

L'absence due à un comportement répréhensible

Dans les cas de violence physique, sexuelle ou psychologique, ou lorsqu'un parent est incapable d'assurer le bien-être et la sécurité de ses enfants, le coparentage est parfois impossible. Si vous croyez que votre ex-conjoint souffre d'une incapacité physique ou mentale qui limite ses aptitudes au parentage, consultez un thérapeute de l'enfance et un avocat afin d'examiner les solutions qui s'offrent à vous en matière de garde et de parentage.

3

La discipline familiale

Lorsque nous désirons changer le comportement d'un enfant, réfléchissons avant d'agir. Sans doute est-ce notre propre comportement qui gagnerait à être transformé.

CARL GUSTAV JUNG

POINTS SAILLANTS

- N'ébranlez pas l'autorité de l'autre parent en critiquant sa discipline familiale en présence des enfants.
- Résignez-vous à devoir accepter les règles établies par l'autre parent.
- Instaurez chez vous des règlements clairs, raisonnables et faciles à imposer.

Il est indispensable que les enfants se voient imposer des limites et des règlements à respecter chez leurs deux parents. Cela leur procurera un sentiment de sécurité et leur inculquera le sens des responsabilités. Et sachez que rien n'empêche les deux parents d'instaurer une discipline familiale distincte.

«Je détestais que Louis permette aux enfants de prendre leurs repas au salon, devant la télé. Jusque-là, nous avions toujours pris nos repas en famille, à table. Mais ce que Louis faisait chez lui, c'était son affaire. Ainsi, quand les enfants m'ont dit : "Papa nous permet de manger devant la télé", je leur ai répondu que, chez moi, les règles étaient différentes, un point, c'est tout. Quand ils ont enfin compris que je ne changerais pas d'idée, ils ont cessé de discuter.» (Thérèse, trois adolescents) Vos règlements et ceux de votre ex-conjoint peuvent varier. Ne minez pas son autorité en les contestant ou en ne les approuvant pas devant vos enfants, car vous les encourageriez ainsi à vous manipuler et à contester votre autorité. Si votre discipline familiale diffère de celle de votre ex-conjoint, définissez clairement les règles que vous imposez chez vous et assurez-vous que les enfants s'y soumettront. Dites-leur qu'il est tout à fait normal que deux personnes distinctes instaurent des règles distinctes (ne dites pas « meilleures » ou « moins bonnes »). Si vos enfants contestent certains règlements, incitez-les à en discuter avec la personne qui les a formulés. Ils apprendront ainsi à s'exprimer sans intermédiaire. Si vous n'approuvez pas du tout la discipline familiale qu'a instaurée votre ex-conjoint, demandez-vous si ces règlements risquent de nuire à vos enfants physiquement ou psychologiquement, et s'ils présentent un danger quelconque. Dans la négative, efforcez-vous de les accepter. Vous jugerez sans doute déraisonnable que votre ex-conjoint ne permette pas aux enfants d'inviter leurs amis à passer la nuit chez eux ou de se coucher après 20 heures les week-ends, mais cette discipline ne les traumatisera pas. Faites part de vos réserves à l'autre parent, mais seulement en l'absence des enfants. *Il est indispensable que vous acceptiez de ne pas changer ou dominer l'autre parent.* Aidez vos enfants à observer deux séries de règlements et encouragez-les à se soumettre à l'autorité de leurs deux parents.

Formulez votre discipline familiale par écrit. La plupart des parents instaurent une discipline trop rigoureuse qu'ils ne veillent pas suffisamment à imposer. Le secret consiste à fixer un moins grand nombre de règlements et à s'assurer qu'on les observera. Vous pourriez remettre une copie de cette liste à votre ex-conjoint, non pas dans le but d'obtenir son approbation, mais pour le mettre au courant de vos attentes. Demandez-lui en quoi consiste sa discipline familiale. Vous l'encouragerez ainsi à la formuler par écrit.

Comment formuler des règlements clairs, raisonnables et faciles à imposer

Utilisez des phrases non pas interrogatives, mais affirmatives. Si vous dites à votre enfant «Voudrais-tu sortir les ordures?», il pourrait vous répondre non. Mais si vous dites «S'il te plaît, sors les ordures avant ton départ pour l'école», vos attentes seront claires. Pour qu'un règlement soit efficace, il doit être clair, raisonnable et facile à imposer.

1. La clarté

   Il importe que vous et vos enfants compreniez en quoi consiste la discipline familiale. Posez-vous la question suivante: «Si le petit voisin lisait ces règlements, serait-il en mesure d'affirmer qu'ils ont été observés?» Si je dis, par exemple, «range ta chambre», je m'attends que les jouets ne traînent pas par terre, que le lit soit fait et que les vêtements soient suspendus dans le placard ou rangés dans les tiroirs. Pour mon fils, ranger sa chambre signifie pousser ses choses sous le lit ou par terre, dans le placard. Le règlement doit donc spécifier qu'il n'y a pas de jouets par terre, que le lit est fait et que les vêtements ont été suspendus dans le placard ou pliés et rangés dans les tiroirs de la commode. Si vous rédigez correctement vos règlements, votre enfant saura tout de suite s'il les a enfreints. Il pourra vous répliquer que ce n'est pas juste ou vous demander pourquoi sa petite sœur en est exemptée, mais il ne pourra pas prétendre avoir fait ce qu'il n'a pas fait. Si le règlement dit que les ordures doivent être sorties avant 17 heures chaque jeudi et qu'à cette heure les poubelles sont pleines, l'enfant a manifestement enfreint le règlement. Les parents ne doivent pas attendre plus que ce que dit le règlement. Il sera toujours possible de modifier celui-ci en temps et lieu s'il se révèle trop vague.

2. Une discipline raisonnable
Assurez-vous que votre enfant peut accomplir les tâches que vous lui imposez. Tenez également compte du temps qu'il doit consacrer à ses études, à ses activités sociales et familiales et à son repos. Si vous fractionnez les tâches plus exigeantes en plusieurs petites tâches et si vous expliquez à l'enfant plus jeune comment les accomplir, il comprendra mieux ce que vous attendez de lui. Par exemple : « Vide tous les paniers à papier dans un sac à ordures, ferme bien le sac et va le déposer au bord du trottoir, sur la pelouse, à côté de l'entrée de cour. »

3. Une discipline facile à imposer
Une discipline efficace est facile à imposer et vérifiable. Si vous travaillez jusqu'à 17 heures, vous ne pouvez pas vous assurer que les enfants ne regarderont pas la télé en dépit de votre interdiction. Un jour, comme je demandais à mon frère pourquoi il transportait une caisse remplie de téléphones dans le coffre de sa voiture, il me répondit qu'il permettait à sa fille de passer des heures au téléphone pendant la semaine à la condition qu'elle ne rentre pas plus tard que 23 heures le vendredi et le samedi soir. Sa fille avait enfreint le règlement. Mais puisque, de son travail, mon frère ne pouvait pas savoir si oui ou non sa fille utiliserait le téléphone en son absence, il avait rangé tous les appareils de la maison dans le coffre de sa voiture. C'était là une solution extrême, sans doute, mais la seule qui lui soit venue à l'esprit.

EXERCICE 4 : MES RÈGLEMENTS SONT-ILS CLAIRS, RAISONNABLES ET FACILES À IMPOSER?

Pour chaque paire de règlements ci-dessous, encerclez celui qui vous semble le plus clair.

1. Sois gentil avec ta sœur.

2. Je te défends de frapper, de bousculer ou de mordre ta sœur.

1. Ne regarde pas trop longtemps la télé.

2. Je te permets de regarder deux heures de télé par semaine. Chaque dimanche, nous choisirons ensemble, toi et moi, les émissions que tu regarderas pendant la semaine.

Pour chaque paire de règlements ci-dessous, encerclez celui qui vous semble le plus raisonnable.

À l'intention de votre fille de cinq ans :

1. Range les verres de cristal.

2. Avant ton petit-déjeuner, vide le bol d'eau du chat dans l'évier et remplis-le d'eau fraîche.

À l'intention de votre fils de huit ans :

1. Mets de l'essence dans la tondeuse et tonds la pelouse.

2. Ramasse les branches mortes sur la pelouse avant d'aller chez ton copain Jacquot.

Pour chaque paire de règlements ci-dessous, encerclez celui qui est le plus facile à imposer.

1. N'insulte pas ta sœur en chemin vers l'école.

2. Pas d'insultes à table. Celui de vous qui insulte son frère ou sa sœur à table devra sortir et s'asseoir sur les marches du perron pendant cinq minutes.

1. Assumez votre part des tâches domestiques pendant que suis au travail.

2. Je servirai le repas chaque soir, mais seulement après que tu aies mis la table.

Bien entendu, la réponse correcte est toujours 2.

Les enfants enfreignent souvent un nouveau règlement afin de le mettre à l'épreuve. Je signale toujours aux parents que, à la suite d'un changement dans la discipline familiale, le comportement des enfants se détériore avant de s'améliorer. Ne tenez pas compte des crises de colère, des bougonnements, des lamentations et des bouderies. Lorsque l'enfant enfreint un règlement, dites : « Quel est le règlement ? » S'il ne répond pas, récitez-le-lui d'une voix neutre, et imposez-le. Ne criez pas, ne harcelez pas l'enfant. Énoncez calmement le règlement. Par exemple, si le règlement dit « Pas de télé le matin avant le petit-déjeuner » et que votre enfant allume l'appareil avant de passer à table, demandez-lui en quoi consiste le règlement. Puis, énoncez-le et éteignez la télé. Si votre enfant conteste mais passe à la cuisine et s'assoit à table, feignez de ne pas entendre ses lamentations et prenez votre petit-déjeuner en sa compagnie.

L'exercice suivant vous aidera à instaurer et à imposer avec constance une discipline familiale.

EXERCICE 5 : NOS RÈGLEMENTS

Étape 1 : Formulez un premier règlement et imposez-le. Choisissez une chose que votre enfant devra faire chaque jour. Écrivez ce règlement ci-dessous.

_____

_____

_____

Étape 2 : Posez-vous les questions suivantes :
Ce règlement doit-il être observé dans un délai précis ?
Pouvez-vous vous assurer qu'on le respectera ?
L'enfant sait-il faire ce que vous lui demandez ?

Étape 3 : Relevez les défaillances de votre règlement. Faites-le lire par un ami afin de vous assurer de la clarté de sa formulation.

Étape 4 : Énoncez ce règlement en présence de votre enfant. Demandez-lui s'il l'a compris. Demandez-lui de le répéter.

Étape 5 : Affichez ce règlement là où l'enfant pourra le voir, dans la pièce où il doit être observé. Par exemple, si le règlement dit que votre enfant doit lire pendant une heure avant de jouer au Nintendo, fixez ce règlement au jeu de Nintendo.

Étape 6 : Imposez ce règlement pendant une ou deux semaines.

Étape 7 : Lorsque l'enfant aura appris à observer ce règlement avec constance, formulez-en un deuxième et reprenez les étapes 1 à 6.

Étape 8 : Quand vous aurez formulé et imposé deux règlements, formulez-en quelques autres et reprenez les étapes 1 à 3. Ne formulez pas plus de règlements que vous ne pourrez en imposer.

Étape 9 : Affichez cette « Discipline familiale » dans un endroit visible.

Étape 10 : Chaque fois que vous modifierez un règlement, que vous en retrancherez ou en ajouterez un, affichez une liste révisée.

L'instauration et le respect d'une discipline familiale contribueront à procurer à vos enfants la structure et la rigueur dont ils ont besoin pour traverser sans trop de heurts cette difficile transition. Vous aurez le sentiment de mieux dominer la situation et vous éviterez de dire, comme Emma Bombeck, « Les enfants sont indisciplinés et intenables ? Rien de plus utile et apaisant qu'un carré de sable ! Quand ils se sont calmés, j'en sors. »

4

Le coparentage

POINTS SAILLANTS

- Sachez respecter l'autre parent de vos enfants.
- Encouragez les bonnes relations entre vos enfants et votre ex-conjoint.
- Fabriquez un cartable scolaire que l'enfant emportera d'un domicile à l'autre.
- Assistez aux activités scolaires et aux compétitions sportives de vos enfants, même en présence de votre ex-conjoint.
- Ne discutez pas de pension alimentaire en présence des enfants.
- Si vous ne parvenez pas à vous entendre sur la question de la garde des enfants et du coparentage, faites appel à un médiateur.

Le bruit strident du détecteur de fumée vous réveille en pleine nuit. D'instinct, vous courez à la chambre de vos enfants, vous les prenez dans vos bras et vous les conduisez en sûreté. Vous n'hésiteriez sans doute pas à affronter la fumée, les flammes ou tout autre traumatisme pour sauver vos enfants, au péril de votre propre vie. Le divorce est un traumatisme pour vos enfants. Il est essentiel que vous et votre ex-conjoint joigniez vos efforts pour les aider à surmonter cette crise. Votre mariage n'a pas survécu, mais votre relation avec votre ex-conjoint se perpétuera tant que vos enfants seront de ce monde. Que vos enfants soient avec vous un jour par mois ou chaque jour de la semaine, vous et votre ex-conjoint êtes toujours leurs parents. Le coparentage suppose que vous vous partagez leur éducation, que vous collaborez pour que vos enfants deviennent des adultes socialement et psychologiquement équilibrés. Vous devez discuter ensemble de leurs besoins. Le coparentage signifie que vous tenez compte du besoin qu'ont vos enfants de vous aimer tous les deux au lieu de vous concentrer sur les sentiments que vous inspire votre ex-conjoint. Cela, parce que vous comprenez que la présence de votre ex-conjoint auprès de vos enfants est plus importante que votre désir de punir l'autre membre de votre couple. Le coparentage sensible vous permet d'aider vos enfants à traverser cette période de crise et de se sentir en sécurité.

Imaginez votre fille le jour de la remise des diplômes ou de son mariage. Son regard embrasse les membres de sa famille et les amis qui se sont réunis pour célébrer cet événement heureux. Sera-t-elle heureuse, ou appréhendera-t-elle une dispute entre ses parents? Vous et votre ex-conjoint continuerez d'être parents toute votre vie. Vous serez sans doute grands-parents et même arrière-grands-parents, et vous le serez ensemble. Vous avez le choix de vous quereller à chacune des étapes importantes de la vie de vos enfants, ou d'apprendre à célébrer celles-ci dans l'harmonie. Dans la section Notes personnelles, décrivez le type de relation avec votre ex-conjoint dont vos enfants pourraient bénéficier le plus.

Le respect de l'autre parent

Le fait de respecter l'autre parent de vos enfants améliorera la qualité de votre coparentage. Observez la règle d'or du coparentage: traitez votre ex-conjoint comme vous aimeriez qu'il vous traite. Cela peut s'avérer difficile si votre ex-conjoint ne vous témoigne aucun respect, mais souvenez-vous que vous n'agissez pas ainsi pour faire plaisir à votre ex-conjoint, mais pour assurer le bien-être de vos enfants. N'accueillez pas les propos de l'autre parent ou un message qu'il vous transmet par l'entremise des enfants avec ironie ou sarcasme. N'essayez pas de convaincre vos enfants que vous êtes le plus attentionné de leurs parents. Si vous appréhendez d'inciter vos enfants à espérer une réconciliation entre vous deux par vos démonstrations de respect mutuel, évitez de leur faire part de vos sentiments envers votre ex-conjoint. Soulignez-leur plutôt ses vertus parentales.

Pour apprendre à respecter votre ex-conjoint, énumérez dans la section Notes personnelles trois circonstances au cours desquelles il a bien assumé son rôle parental. (Par exemple, il a été ponctuel au rendez-vous avec votre fils; il a félicité votre fille pour l'excellence de ses résultats scolaires; il a assisté au concert de votre petit garçon; il a accepté d'assumer la moitié du coût des photos des cartes d'identité de vos enfants.)

Encouragez les bonnes relations entre vos enfants et votre ex-conjoint

«Cela m'affectait d'entendre Céline dire à Marc quel bon père il était. Il me semblait que, s'il avait été un aussi bon père, il se serait efforcé davantage de sauver notre mariage. Mais en dépit de mes réticences, je n'ai jamais dit à ma fille que Marc était selon moi un mauvais père, puisqu'il nous avait quittées. Je savais qu'elle s'adapterait plus facilement à la situation si je l'encourageais à renforcer sa relation avec lui. » (Marie, mère d'une fillette de cinq ans) Aidez vos enfants à aimer leur autre parent et à développer avec lui d'excellentes relations. Ne leur dites pas : « Si ton père/ta mère t'avait vraiment aimé... » Ne permettez pas au sentiment de trahison que vous ressentez de nuire à l'amour qui relie vos enfants et votre ex-conjoint. Tout comme il vous est possible d'aimer votre nouveau bébé sans que cela n'affecte l'amour que vous ressentez pour vos autres enfants, vos enfants peuvent aimer autant un parent que l'autre. Si votre enfant vous téléphone tandis qu'il est chez votre ex-conjoint, ne lui demandez pas si vous lui manquez et ne lui demandez pas s'il veut rentrer « à la maison ». Si douloureux que cela soit pour vous, l'enfant est « à la maison » tant chez votre ex-conjoint que chez vous. Les relations parents-enfants seront d'autant meilleures que les enfants ne seront pas forcés de choisir entre leurs parents. L'exercice ci-dessous vous aidera à faire comprendre à vos enfants qu'il est normal et bon d'aimer également leurs père et mère.

EXERCICE 6 : DE COMBIEN DE FAÇONS VOUS AIMONS-NOUS ?

Faites cet exercice avec chacun de vos enfants tour à tour.

Matériaux
crayons de couleur, bâtons de craie ou marqueurs
crayons et stylos
papier à dessin

Étape 1 : Rassemblez ces matériaux et installez-vous à table avec l'enfant. Dites-lui que vous allez faire un dessin ou écrire une histoire pour illustrer votre amour. Dites : « J'aimerais que tu fasses un dessin qui montre à quel point nous nous aimons. » Si votre enfant rechigne à dessiner, vous pouvez lui demander de vous décrire l'amour que vous partagez en écrivant ou en vous racontant une histoire.

Étape 2 : Quand votre enfant en aura terminé de son dessin, demandez-lui de vous le décrire.

Étape 3 : Demandez à l'enfant de faire un dessin qui illustre l'amour qu'il partage avec son autre parent.

Étape 4 : Demandez-lui ensuite de vous décrire son dessin.

Étape 5 : Dites à l'enfant que vous avez beaucoup aimé être ainsi en sa compagnie. Affichez son dessin de vous deux sur la porte du réfrigérateur ou en un autre endroit visible. Il comprendra que son œuvre compte pour vous. Demandez à l'enfant s'il aimerait offrir son autre dessin à votre ex-conjoint.

Incitez les autres membres de la famille à aider vos enfants à maintenir de bonnes relations avec votre ex-conjoint. À l'occasion d'un divorce, il arrive parfois que la famille élargie pousse les enfants à manifester leur loyauté envers un parent au détriment de l'autre et qu'elle exprime son hostilité envers l'un des parents en présence des enfants. Lorsque ma sœur était en instance de divorce, j'ai commis l'erreur de tourner en dérision le père de ma nièce et de mon neveu en présence de ces derniers. Je croyais appuyer ma sœur alors qu'en réalité je blessais ses enfants.

Vos enfants doivent aussi entretenir des contacts réguliers avec leurs grands-parents maternels et paternels, leurs tantes, leurs oncles et leurs cousins. Permettez-leur de rendre visite à tous les membres de leur famille élargie, incitez-les à leur écrire et à leur parler au téléphone. Après que ses petits-enfants ont déménagé dans une ville éloignée, une grand-mère de ma connaissance a pris l'habitude de réaliser un mini-album de photos à chacune de leurs visites. Elle en conservait une copie et elle expédiait les autres à chacun de ses petits-enfants.

Ne critiquez pas la famille de votre ex-conjoint, ses amis ou la personne qui partage maintenant sa vie. Si vous croyez que des membres de la famille médisent de vous, parlez-leur-en directement. Faites en sorte que votre comportement devant vos enfants démente leurs médisances. Vos enfants vivent déjà un deuil en raison de votre divorce. Veillez à ce qu'ils fréquentent les membres de la famille qui leur sont attachés. Dans la section Notes personnelles, notez les noms, adresses et numéros de téléphone des membres de la famille et des amis qui sont très attachés à vos enfants. Remettez une copie de cette liste à vos enfants et incitez-les à téléphoner, à écrire ou à adresser des courriels à ces personnes aussi souvent qu'ils en auront envie.

Abordez ensemble les décisions importantes

Il importe que vous abordiez avec votre ex-conjoint les questions importantes, notamment celles qui concernent les traitements médicaux, orthodontiques ou psychologiques, les résultats scolaires ou les classes spéciales, ou encore les changements d'école. Les deux parents devraient pouvoir consulter le médecin, le thérapeute, les enseignants, les représentants des forces de l'ordre ou tout autre professionnel auquel vos enfants pourraient avoir affaire. Prévenez par avance votre ex-conjoint de toute rencontre où sa présence est requise.

Fabriquez un cartable scolaire que l'enfant emportera avec lui d'un domicile à l'autre. Ce cartable devrait inclure les messages de l'enseignant, les devoirs, les travaux scolaires, les bulletins, les horaires d'activités sportives et parascolaires, les dépliants concernant les événements à venir, les renseignements concernant les séances de photos scolaires, les journées portes ouvertes ou les réunions de parents. Dites aux enseignants ou aux conseillers scolaires que vos enfants possèdent un tel cartable et demandez-leur d'y déposer eux-mêmes ces documents. Ces efforts de collaboration entre vous, le personnel de l'école et votre ex-conjoint faciliteront la réussite scolaire de vos enfants et leur adaptation à votre divorce. Ne déposez pas dans ce cartable des messages à l'intention de votre ex-conjoint. Si votre enfant affronte des difficultés scolaires, parlez-en avec votre ex-conjoint par téléphone, par la poste ou en personne. L'exercice ci-dessous vous aidera à rédiger une lettre à l'intention de l'enseignant de votre enfant et à réaliser un cartable scolaire.

EXERCICE 7 : LA CRÉATION DU CARTABLE SCOLAIRE

Étape 1 : Dites à votre ex-conjoint que vous réaliserez des cartables scolaires qui accompagneront chacun de vos enfants dans tous leurs déplacements d'un domicile à l'autre, et que ce cartable servira exclusivement au transport de documents scolaires.

Étape 2 : Rédigez une lettre pour chaque enfant, en vous inspirant du modèle ci-dessous, et remettez-en une copie à votre ex-conjoint. Demandez-lui son avis.

Étape 3 : Dites à chacun de vos enfants que vous réaliserez pour eux un cartable scolaire. Laissez-les choisir et décorer à leur goût une chemise à rabats.

Étape 4 : Réservez le rabat de gauche aux « Notes pour la maison » et celui de droite aux « Notes pour l'école ».

Étape 5 : Adressez votre lettre à chacun des enseignants de vos enfants.

Étape 6 : Lorsqu'un parent aura pris connaissance d'un document contenu dans le cartable, il y apposera ses initiales.

Cher Monsieur (ou Chère Madame) _____ (nom de l'enseignant),

Afin de faciliter la communication entre _____ (prénom et nom de l'enfant), son école et les parents de _____ (prénom de l'enfant), nous avons réalisé un cartable scolaire que _____ (prénom de l'enfant) emportera avec lui chaque jour.

Auriez-vous l'amabilité de demander à _____ (prénom de l'enfant) de ranger, dans le rabat de gauche, tous vos messages à notre intention, ses bulletins, ses devoirs, et tout dépliant d'information ? Ce cartable est _____ (couleur du cartable) et porte l'étiquette « Cartable scolaire ». Nous rangerons dans le rabat de droite tous les papiers ou messages qui devront vous être retournés. À chaque quinze jours, nous en retirerons les documents que les deux parents de _____ (prénom de l'enfant) auront lus et initialés.

Nous serons heureux d'accueillir toute suggestion que vous pourriez nous transmettre. N'hésitez pas à communiquer avec nous si vous avez des questions. _____ (nom de la mère) est disponible pendant la journée au numéro suivant _____ et le soir au numéro suivant _____. _____ (nom du père) est disponible pendant la journée au numéro suivant

_____ et en soirée au numéro suivant
_____.

Nous remettrons ce cartable à _____ (prénom de l'enfant) le lundi _____ (date).

Nous accordons une très grande importance à l'éducation de nos
enfants et nous vous sommes reconnaissants d'aider
_____ (prénom de l'enfant) dans sa réussite scolaire.

Sincèrement vôtres,

_____ (nom du père)

_____ (nom de la mère)

Les parents qui le peuvent devraient offrir leurs services en classe. En faisant bénéficier la classe de votre enfant d'une aptitude ou d'un talent que vous possédez, vous aidez votre enfant à se sentir choyé et vous facilitez la communication entre vous et le personnel enseignant. Par exemple, une fois par an, le père de mes enfants effectue des expériences de chimie devant leurs camarades de classe. Nos enfants sont très fiers de lui.

Les deux parents devraient participer aux activités parascolaires et assister aux compétitions sportives de leurs enfants. Les journées portes ouvertes, les concerts, les pièces de théâtre, les récitals, les événements sportifs, tout cela confère un sentiment d'importance aux enfants et contribue à rehausser leur estime d'eux-mêmes. Vos enfants se sentent déjà différents de leurs petits camarades dont les parents sont encore ensemble. Anita, quinze ans, décrit ce qu'elle ressentait lorsque sa mère refusait de participer à ses activités scolaires si son père s'y rendait également : « Lorsque l'institutrice disait " assurez-vous que vos parents viendront à la journée portes ouvertes ", c'était facile pour les autres. Il leur suffisait de prévenir leurs parents. Mais moi, je devais décider si j'inviterais mon père ou ma mère et trouver une excuse pour justifier l'absence de l'un ou de l'autre. » L'enfant qui sait que ses deux parents participeront à de tels événements se sentira moins à l'écart. Ne profitez pas de ces occasions pour discuter de vos problèmes avec votre ex-conjoint. Des querelles publiques humilieraient vos enfants. S'il vous est impossible d'éviter les discussions ou si vous appréhendez de vous asseoir côte à côte, installez-vous à deux endroits différents de la classe ou de l'auditorium. N'oubliez pas que ces événements célèbrent les réussites de vos enfants. Ils doivent pouvoir compter sur votre présence à tous deux.

Jeannine, huit ans, a été heurtée par une voiture en roulant à bicyclette. Son père a prévenu sa mère sur-le-champ et lui a dit où leur fille serait hospitalisée. «J'ai failli ne pas appeler Catherine (la maman de Jeannine), car je savais qu'elle me blâmerait pour l'accident qu'avait subi notre fille. Mais quand j'ai vu le visage de Jeannine s'illuminer en apercevant sa mère dans la salle d'urgence, j'ai su que j'avais eu raison. Jeannine souffrait beaucoup et elle avait très peur. Elle avait besoin que nous soyons là tous les deux pour lui tenir la main pendant que le médecin posait son plâtre.» Tous les parents savent qu'un accident ou une maladie peuvent survenir à tout instant. En cas d'urgence, votre enfant a plus que jamais besoin de vous deux. Vous devez l'aider à guérir et éviter de blâmer votre ex-conjoint pour l'accident que l'enfant a subi ou pour la maladie qui le frappe. Si votre enfant se blesse et requiert des soins médicaux, prévenez votre ex-conjoint immédiatement. Tenez-le au courant de tous les événements importants qui ont lieu pendant le séjour des enfants chez vous. Ces renseignements lui permettront de mieux aider vos enfants à affronter les drames de la vie.

La pension alimentaire

La question de la pension alimentaire est importante et requiert une bonne communication entre les parents. Payez votre pension! Il se peut que vous ne souhaitiez pas donner de l'argent à votre ex-conjoint, mais si vous ne payez pas votre pension alimentaire, les enfants se sentiront rejetés. Bien entendu, il n'est pas question que vous discutiez de la pension alimentaire en présence des enfants. Si vous n'avez pas les moyens de leur offrir quelque chose, dites-le-leur, mais sans leur dire pourquoi. Profitez-en pour leur enseigner à bien gérer leur argent.

«Chaque fois que le chèque de papa avait du retard, maman nous interdisait d'aller le voir. C'était très injuste. Pourquoi aurions-nous dû être punis parce qu'elle était fâchée avec lui?» (Carmen, douze ans) N'interdisez pas à vos enfants de voir votre ex-conjoint pour cette raison. Même si vous comptez sur cette pension alimentaire, si vous employez de telles menaces envers vos enfants, vous ne réussirez qu'à les faire souffrir. N'oubliez jamais que les enfants ont besoin de la compagnie des deux parents: c'est là une nécessité pour eux, et non pas un simple privilège que l'un des parents doit mériter.

Le fait de dire à vos enfants qu'ils ne pourront pas voir leur père ou leur mère tant que vous n'aurez pas reçu la pension alimentaire qu'il/elle vous doit équivaut à refuser de nourrir votre fille tant que son frère n'aura pas rangé sa chambre. Vos enfants n'exercent aucun contrôle sur vos actes. Ils n'ont rien fait de mal et votre présence à tous deux leur est indispensable.

Si vous ne parvenez pas à faire entendre raison à votre ex-conjoint lorsqu'il tarde à payer sa pension alimentaire, consultez un thérapeute de la famille, un ami ou un officier de justice. Mais *évitez autant que possible d'entraîner votre ex-conjoint devant les tribunaux.* Souvent, ces litiges s'éternisent et peuvent devenir très coûteux, tant pour les parents que pour les enfants. « Quand ma mère s'est remariée, nous avons emménagé avec David, dans sa ferme. Mon père était très fâché, car cela signifiait que je devrais fréquenter une nouvelle école. Il disait que si j'allais à une école « de campagne », mes études en souffriraient et je ne pourrais peut-être pas m'inscrire à l'université. Il a traîné maman devant les tribunaux et le juge a interdit à maman de me faire changer d'école avant que le divorce de mes parents soit prononcé en décembre. Pendant le premier semestre, maman a dû me conduire à l'école en voiture. Puis, le juge a finalement décidé que l'école située à proximité de la ferme de David convenait tout autant, si bien que j'ai dû changer d'école au beau milieu de l'année scolaire. Ça n'a pas été facile ! Je crois que papa était jaloux que maman ait enfin trouvé quelqu'un avec qui elle pouvait être heureuse. » (Caroline, quatorze ans) Les litiges entre parents peuvent affecter psychologiquement vos enfants. Avant de procéder, assurez-vous qu'une bataille légale est absolument nécessaire. Existe-t-il d'autres *solutions*? Les couples profitent parfois de tels litiges pour prolonger une relation et pour éviter d'envisager une rupture douloureuse. Admettez l'échec de votre mariage et refaites votre vie. Si vous traînez votre ex-conjoint devant les tribunaux, vos enfants subiront eux aussi les conséquences de ce conflit et ils en garderont des séquelles. (Le chapitre 12 vous indique comment repartir de zéro.)

La médiation offre une solution de rechange au litige. De nombreuses juridictions permettent ou imposent l'intervention d'un médiateur. La médiation permet aux parents de résoudre leurs conflits par l'entremise d'un arbitre. Le médiateur guide les parents à toutes les étapes du divorce et les aide à parvenir à une entente mutuellement satisfaisante. Il rédige ensuite un résumé de cette entente que les parents examinent ensuite avec leur avocat respectif. La médiation est avantageuse pour les parents qui optent pour le coparentage, pour les raisons suivantes.

- La médiation favorise les compromis et la collaboration au détriment des conflits parentaux.

- Les parents connaissent mieux leurs enfants que le juge. La médiation permet aux parents, plutôt qu'au juge, de prendre des décisions qui concernent leurs enfants.

- La médiation évite aux parents les guerres juridiques qui affectent souvent négativement les parents et les enfants.

- La médiation épargne du temps et de l'argent.

- La médiation aide les parents à prendre des décisions fondées sur le bien-être des enfants plutôt que sur leurs émotions personnelles.

- La médiation clarifie les situations délicates et contribue à apaiser la colère et le ressentiment.

Le médiateur peut également vous aider à mettre au point un calendrier provisoire de coparentage. Faites-en l'essai pendant un mois ou deux avant de l'inclure officiellement dans votre règlement de divorce. Après cette période d'essai, discutez avec votre ex-conjoint de tout changement que l'un ou l'autre de vous deux désire y apporter et révisez-le en conséquence. Si vos enfants n'approuvent pas entièrement ce plan de parentage, dites-leur que vous êtes disposés à les écouter et à tenir compte de leurs idées et de leurs sentiments. Dans la section Notes personnelles, énumérez les questions que vous aimeriez poser au médiateur.

La médiation n'est pas une solution appropriée lorsque l'un des parents est réfractaire à toute négociation ou dans les cas de violence psychologique ou physique. Cependant, dans la plupart des cas, elle peut aider les parents à se concentrer sur les besoins de leurs enfants, à tenir compte de leurs inquiétudes et à faciliter la communication entre toutes les personnes concernées.

Un dernier petit truc : lors d'une séance de médiation, déposez sur la table, devant vous, une photographie de vos enfants. Vous serez ainsi plus enclins à vous concentrer sur leurs besoins plutôt que sur votre ressentiment.

5

Une communication efficace

POINTS SAILLANTS

- Recourez au « je » pour exprimer vos desiderata.
- Réfléchissez à ce que vous voulez dire.
- Ne demandez pas à vos enfants de commenter le comportement de votre ex-conjoint.
- Ne demandez pas à vos enfants de ne pas révéler certains secrets à leur autre parent.
- Ce n'est pas le fait de parler du divorce qui est douloureux.
- Accordez du temps à chacun de vos enfants tour à tour.
- Écoutez-les. Soyez attentif à ce qu'ils disent et ressentent.
- Favorisez la communication.
- Favorisez l'expression des émotions.
- Enseignez à vos enfants à exprimer leurs émotions d'une manière productive et positive.
- Procurez-leur un environnement stable en continuant d'observer les traditions familiales.

« Toute communication était impossible avec Robert quand nous étions mariés – comment voulez-vous qu'elle existe depuis que nous sommes divorcés ? » (Hélène, quatre enfants) Certes, il peut vous paraître impossible de communiquer avec votre ex-conjoint, mais ne perdez pas de vue qu'en mettant fin à un mariage malheureux et en vous efforçant de développer une relation de coparentage, vous favorisez entre vous et votre ex-conjoint une meilleure communication. Vous *pouvez* apprendre à communiquer efficacement même lorsque l'autre personne se montre peu conciliante. Une bonne communication est indispensable au bien-être de vos enfants.

Le recours au « je » dans la communication

Tout au long des procédures de divorce, appliquez-vous à communiquer positivement en recourant au « je ». Le but du recours au « je » est de permettre à l'autre personne de comprendre exactement les changements que vous attendez. Un message au « je » suppose que vous vous exprimez clairement dans l'immédiat, sans jugements de valeur. Le message au « je » exprime avec précision vos sentiments et votre idée. Il exprime ce que vous ressentez et votre propre vision du problème. Ces messages sont efficaces, car ils cernent le comportement sans agressivité et aident l'autre personne à porter attention à vos attentes plutôt qu'à dépenser son énergie à se défendre. Le recours au « je » vous oblige à réfléchir à ce que vous voulez dire plutôt que d'énoncer la première critique ou le premier sarcasme qui vous vient à l'esprit.

Les messages au « je » comportent trois parties : d'abord, dites ce que vous ressentez, identifiez ensuite le problème et enfin, dites ce que vous attendez de l'autre personne. Les exemples qui suivent vous aideront à mieux comprendre ce concept.

Dites ce que vous ressentez :

Pour une meilleure communication	*La critique*	*Le message au « je »*
Commencez votre phrase par « Je... » plutôt que par « Tu... »	« Tu ne ramènes jamais Albert à temps. »	« Je suis inquiète quand tu ne ramènes pas Albert à l'heure convenue le dimanche. »
Dites en quoi le comportement de l'autre personne vous affecte.	« Tu as encore oublié de redonner à Julie son manuel de mathématiques. Tu es vraiment stupide. »	« Je ne peux pas aider Julie à faire ses devoirs quand tu ne lui rends pas son manuel de mathématiques le vendredi. »
Prenez possession de vos émotions au lieu de blâmer l'autre personne.	« Cela me met hors de moi quand tu confies des secrets à Suzanne. »	« J'éprouve du ressentiment quand tu confies des secrets à Suzanne. »
En un ou deux mots maximum, dites comment le comportement de l'autre personne vous affecte. Nommez une émotion.	« Pourquoi ne m'as-tu pas dit que Jacob avait des difficultés à l'école ? »	« Je n'aime pas que tu ne me dises pas que Jacob a des difficultés à l'école. »

Identifiez le problème :

Pour une meilleure communication	*La critique*	*Le message au «je»*
Décrivez le comportement du parent, non pas son caractère. Soyez précis.	«Pourquoi ne rapportes-tu jamais les patins de Michel ? Tu n'as pas de cœur. »	«Cela m'embête quand tu ne rapportes pas les patins de Michel. Je t'en prie, désormais, rapporte ses patins quand tu ramèneras Michel. »
Décrivez le problème d'une manière factuelle, sans attaquer ou menacer l'autre personne.	«Je ne suis plus ta bonne. La prochaine fois que tu me renverras Simone avec des vêtements sales, je te la renverrai avec les mêmes vêtements. »	«J'ai l'impression qu'on me tient pour acquise quand tu ramènes Simone avec des vêtements sales. Je t'en prie, lave ses vêtements avant de la ramener le dimanche. »
Évitez de supposer les intentions de l'autre personne.	«Tu ne te préoccupes pas le moins du monde de Simone. »	«J'avais de la peine pour Simone quand elle a pleuré parce que tu avais annulé la visite au zoo que tu lui avais promise. S'il te plaît, ne fais pas de promesses que tu ne peux pas tenir. »
Concentrez-vous sur le problème du moment et non pas sur les erreurs passées. Ramener le passé à la surface placera l'autre personne sur la défensive et nuira à toute collaboration.	«Pourquoi ne serais-tu pas ponctuel, pour une fois ? Tu as raté le concert de Josiane la semaine dernière, tu es arrivé avec une heure de retard au récital de Luc, et maintenant tu arrives au beau	«Cela m'irrite que tu arrives en retard à l'école quand les enfants ont une activité ou une compétition sportive. J'aimerais que tu arrives à l'heure à la compétition de Justine, samedi prochain. »

milieu de la compéti-
tion de Justine. Pour-
quoi te donnes-tu la
peine de venir ? »

**Dites ce que vous
attendez de l'autre
personne :**

Pour une meilleure communication	*La critique*	*Le message au « je »*
Énoncez votre requête en termes positifs.	« N'oublie pas d'amener Georges à la clinique pour ses vaccins contre les allergies. »	« Je t'en prie, amène Georges à la clinique pour son vaccin hebdomadaire. »
Soyez précis, afin que tous deux puissent comprendre exactement quelles sont vos attentes.	« Ne laisse pas Béatrice veiller trop tard. »	« Je t'en prie, assure-toi que Béatrice sera couchée à 20 heures. »
Évitez les mots tels que « toujours » ou « jamais ». Ces mots provoquent en général chez l'autre personne une réaction instinctive de défense et l'empêchent de porter attention au problème immédiat.	« Tu ne ramènes jamais Charlotte à l'heure convenue. »	« Je suis très embêtée quand tu es retard. J'apprécierais que tu viennes chercher Charlotte à 18 heures. »
Soyez direct. N'insinuez rien et ne supposez rien.	« Pense à me donner une copie du bulletin de Jacquot. »	« S'il te plaît, remets-moi une copie du bulletin de Jacquot. »

Geneviève, cinq enfants, raconte comment les messages au « je » ont favorisé la communication avec son ex-conjoint. « Après le divorce, chaque fois que Gérard faisait quelque chose qui m'agaçait, je perdais tout contrôle. C'était alors à qui crierait le plus fort, mais cela ne changeait rien. J'ai suivi un atelier de parentage offert par ma paroisse, et là, j'ai appris à formuler des messages au « je ». Je me suis ensuite servi de cette méthode pour parler à Gérard. Quand il faisait quelque chose de stupide, j'appelais ma copine Lise, et elle m'aidait à formuler ce que j'avais à dire en recourant au « je ». Puis, j'appelais Gérard et je lui expliquais ce que je ressentais et ce que j'attendais de lui. Il m'a fallu quelque temps pour être à l'aise, mais j'ai bientôt pu me dispenser de l'appui de Lise. J'ai constaté que Gérard et moi nous querellions moins souvent et que nous étions mieux en mesure de porter attention aux enfants. »

Prenez le temps de réfléchir à ce que vous voulez dire. Vous apprendrez à mieux exprimer vos émotions. Au début, l'emploi du « je » vous paraîtra sans doute maladroit. Dans ce cas, faites quelques essais en compagnie d'un ou d'une amie. Avec un peu de pratique, vos messages au « je » vous aideront à communiquer plus efficacement non seulement avec votre ex-conjoint, mais aussi avec vos enfants, les autres membres de la famille, vos beaux-parents, vos collègues de travail et vos amis.

EXERCICE 8 : LES MESSAGES AU « JE »

Vous trouverez ci-dessous quelques scénarios. Complétez ces formulations en créant pour chacun un message au « je ».

1. On vous ramène vos enfants avec deux heures de retard.
   J'éprouve_____quand tu_____, et
   j'aimerais que tu_____.

2. Vos enfants assistent à un film pour adultes.
   J'éprouve_____quand tu_____, et
   j'aimerais que tu_____.

3. Votre ex-conjoint a omis de vous remettre la note de l'institutrice, par laquelle elle demandait que votre enfant apporte en classe les matériaux nécessaires à un projet de bricolage.

J'éprouve_____quand tu_____, et
j'aimerais que tu_____.

4. Le chèque de pension alimentaire accuse deux semaines de
   retard.
   J'éprouve_____quand tu_____, et
   j'aimerais que tu_____.

5. La belle-mère de vos enfants a amené votre fille de six ans au
   centre commercial où elle lui a fait percer les oreilles.
   J'éprouve_____quand tu_____, et
   j'aimerais que tu_____.

6. Votre ex-conjoint vous injurie en présence de vos enfants.
   J'éprouve_____quand tu_____, et
   j'aimerais que tu_____.

7. Décrivez maintenant le problème auquel vous êtes confronté et
   un message au «je» correspondant.
   Problème:

   _____
   _____
   _____

   J'éprouve_____quand tu_____, et
   j'aimerais que tu_____.

Si votre ex-conjoint réagit à vos messages au «je» en répondant
que vos sentiments ne l'intéressent pas, restez neutre et redites-lui ce
que vous aimeriez en fait de changements. «Je comprends. Assure-
toi, je t'en prie, de ramener Suzanne à l'heure convenue», ou «Cela
se sent à ta voix. S'il te plaît, expédie-moi le chèque de la semaine
prochaine dans les délais convenus.» Si la situation s'échauffe et
que l'un ou l'autre de vous deux hausse le ton, remettez votre
conversation à plus tard. Cette pause vous permettra à tous deux de
vous calmer et de réfléchir au message que vous voulez vous transmettre.

Si vous persistez à rencontrer de la résistance, posez des questions: «J'ai besoin de savoir comment Laurent se débrouille en
classe. Peux-tu me suggérer un moyen d'obtenir cette information?»

«Comment crois-tu que nous pourrons trouver une solution à ce problème ?» «Quelle est la solution à notre problème, selon toi ?»

Dans son ouvrage intitulé *The 7 Habits of Highly Effective People*, Steven Covey affirme que l'aspect le plus important de la communication interpersonnelle consiste à «chercher d'abord à comprendre, puis à être compris.» En développant votre faculté d'écoute, vous améliorerez la communication entre vous et votre ex-conjoint. Dans la section Notes personnelles, énumérez les différents moyens qui, selon vous, vous aideraient à communiquer plus efficacement entre parents.

Évitez de coincer vos enfants entre l'arbre et l'écorce

«J'avais horreur que mon père me demande de lui parler du nouvel ami de maman. J'avais l'impression de les espionner.» (Thierry, onze ans) N'interrogez pas vos enfants sur le comportement de leur autre parent. Si vous leur demandez ce que fait leur autre parent, vous les mettez devant une impasse. Dans de telles circonstances, ils ont le sentiment de faire preuve de déloyauté. Pour demeurer loyaux, ils ont deux choix : vous répondre que cela ne vous regarde pas ou vous mentir. Puisqu'ils savent qu'aucune de ces solutions n'est acceptable, ils sont très mal à l'aise. S'ils vous renseignent sur le comportement de votre ex-conjoint, ils courent le risque de le blesser, et si ces renseignements vous déplaisent, ils pourraient vous blesser aussi. En outre, vous leur conféreriez ainsi le pouvoir de vous manipuler en vous révélant ou en vous cachant des renseignements importants concernant votre ex-conjoint.

Il est tout aussi important de ne pas confier des secrets à vos enfants. Si vous ne voulez pas que votre ex-conjoint sache certaines choses à votre sujet, évitez de mettre vos enfants au courant de vos propos ou de vos actes. En les accablant de secrets, vous augmentez leur anxiété et vous minez leur confiance. Il est indispensable que vos enfants aient des relations franches et sincères avec vous deux. Au lieu de passer votre temps à discuter de votre ex-conjoint avec vos enfants, mettez à profit les moments que vous passez ensemble pour consolider votre relation avec eux.

Favorisez la communication avec vos enfants

Marie est divorcée et mère de deux filles, dont l'une a très mal réagi à son divorce. «Angèle était constamment en colère. Elle ne cessait de me répéter à quel point elle me haïssait et m'accusait d'avoir poussé son père à nous quitter. Cela m'était très pénible de l'entendre crier tout le temps même si je savais qu'il fallait bien qu'elle se libère.» Quand vous aurez prévenu vos enfants de votre divorce, il s'ensuivra une phase d'extrême tension. Tant les enfants que les parents devront assumer leur deuil, leur colère et leur culpabilité. Il peut être très pénible pour des parents de voir souffrir leurs enfants, de les voir pleurer et d'entendre leurs récriminations. Rappelez-vous qu'ils doivent être libres de manifester leur sentiment de perte et leur souffrance. Le deuil est normal, naturel et sain. (Consultez le chapitre 6 où il est question des différentes étapes du deuil.) N'oubliez pas que le fait de parler du divorce n'est pas la cause de la souffrance des enfants. C'est le deuil que le divorce occasionne et les appréhensions des enfants devant les incertitudes de l'avenir qui en sont responsables. En parlant de votre divorce avec vos enfants, vous leur permettez d'acquérir la force dont ils ont besoin pour affronter des situations difficiles et vous leur procurez un environnement stable où ils pourront le mieux assumer les sentiments multiples et bouleversants qui les animent.

Sarah relate le mal qu'elle s'est donné pour inciter sa fille de dix-sept ans à parler du divorce de ses parents. «Pendant les quelques mois qui ont suivi le départ de Christophe, Monique refusait de m'adresser la parole. Quand j'abordais le sujet de mon divorce, elle s'enfermait dans sa chambre en claquant la porte. Si j'essayais d'y entrer, elle me criait de la laisser tranquille. Je lui ai répété que je l'aimais, qu'il était normal qu'elle soit en colère, et que j'étais disposée à l'écouter si elle avait envie d'en parler. Je n'ai pas renoncé, en dépit de la fatigue et des frustrations. Un soir, je l'ai entendue pleurer dans sa chambre. J'ai frappé à sa porte et je lui ai demandé ce qui n'allait pas. Elle m'a répondu que son petit ami, Christian, avait annulé leur rendez-vous une fois de plus. Elle en était très blessée et furieuse, et elle était persuadée qu'il avait trouvé quelqu'un d'autre. Je me suis assise sur son lit, je lui ai tendu des mouchoirs de papier et je l'ai écoutée se vider le cœur jusqu'au petit matin. Ensuite, la tension entre nous s'est dissipée et elle est même parvenue à me parler de mon divorce. Elle m'a dit qu'elle pensait que j'avais poussé son père à partir et qu'elle détestait que je doive aller travailler. Tout n'est pas encore parfait, nous nous disputons encore au sujet de l'heure à laquelle elle doit rentrer et de ses devoirs. Mais nous sommes maintenant plus proches que nous ne l'avons jamais été et je suis fière d'elle et de la façon dont elle assume la situation. »

Si vos enfants refusent d'aborder le sujet de votre divorce quand vous le leur apprendrez, dites-vous que vous pourrez en parler plus tard. S'ils courent se réfugier dans leur chambre en pleurant, dites-leur que vous les aimez et que vous serez là pour eux quand ils se sentiront prêts à vous parler de ce qu'ils ressentent. Certes, il peut être difficile d'aborder le sujet du divorce avec vos enfants, mais votre disponibilité est indispensable à leur guérison. Offrez-leur la possibilité de vous en parler en toute sécurité et dans le calme. Par exemple, emmenez-les faire une promenade ou une balade en voiture, asseyez-vous avec eux sur un banc de parc, ou allez déjeuner ensemble au restaurant. La prochaine fois que vous serez prisonniers d'un bouchon de la circulation, éteignez la radio et engagez la conversation. Pendant que vous attendez que votre fille termine sa classe de ballet, demandez à votre fils comment va sa vie. Les enfants éprouvent parfois de la difficulté à exprimer ce qu'ils ressentent. S'ils vous disent qu'ils ne veulent pas en parler, n'insistez pas. Dites-leur que vous les aimez et que vous serez là pour eux quand ils seront prêts à se confier à vous. N'oubliez pas que les enfants engagent souvent la conversation à un moment inopportun, par exemple, quand vous préparez le souper, que vous lisez le journal ou que vous vous apprêtez à partir pour le bureau. Efforcez-vous autant que possible de saisir la perche qu'ils vous tendent. Le souper et le journal peuvent attendre une heure, mais dans une heure, vos enfants n'auront peut-être plus envie de parler. Si vous reportez votre conversation, ils pourraient se sentir rejetés. Vos enfants traversent une période très délicate de leur vie. Vous devez leur montrer qu'ils comptent et que vous les aimez. Si vous ne pouvez absolument pas parler à vos enfants au moment précis où ils en manifestent le désir, fixez-leur un rendez-vous et respectez ce rendez-vous. Ne remettez pas votre conversation à plus tard une seconde fois.

Accordez du temps à chacun de vos enfants tour à tour

En accordant de votre temps régulièrement à chacun de vos enfants sur une base individuelle, vous leur procurez des occasions de vous faire part de leurs appréhensions. Les parents dont l'emploi du temps est surchargé en viennent souvent à ne se préoccuper que des problèmes immédiats au détriment des questions importantes. Lorsque vous planifiez vos activités de la semaine, arrêtez-vous à ce qui compte le plus pour vous et prévoyez du temps pour dialoguer avec vos enfants. Comme c'est le cas pour les séances de conditionnement physique, vous serez davantage enclin à avoir ces conversations si vous leur réservez des moments fixés d'avance au lieu de vous sentir coupable de ne jamais en avoir le temps. L'exercice suivant vous aidera à planifier des moments d'intimité avec chacun de vos enfants.

EXERCICE 9 : LA PLANIFICATION DES CONVERSATIONS

Refaites cet exercice pour chacun de vos enfants. Demandez-leur ce qu'ils en pensent.

Prénom de l'enfant : _____

Lieu de prédilection de _____ (prénom de l'enfant)

Activité à laquelle _____(prénom de l'enfant) aime s'adonne en ma compagnie : _____

_____

L'heure et l'endroit pouvant favoriser notre dialogue_____

_____

Une bonne façon d'inciter vos enfants à vous parler de votre divorce consiste à leur demander comment s'en tirent ceux de leurs amis dont les parents sont divorcés. Vous pourrez ainsi plus facilement mettre fin à certains malentendus et vous leur rappellerez qu'ils ne sont pas seuls.

Vous ne serez pas en mesure d'aider vos enfants autant qu'il le faudrait à assumer leurs émotions si vous ne savez rien de ces émotions. Donnez toute leur importance aux commentaires et aux questions de chacun de vos enfants, quel que soit son âge. Répondez sincèrement à ses questions mais évitez les explications interminables et les détails superflus. Par exemple, il n'est pas nécessaire de dire à vos enfants que votre ex-conjoint a eu une aventure avec quelqu'un d'autre. De tels détails vous pousseront, même malgré vous, à dénigrer l'autre parent. N'oubliez pas que l'important est de veiller au bien-être de vos enfants et non pas de protéger votre ex-conjoint.

Assurez vos enfants qu'ils ont votre permission de continuer à vous dire en quoi votre divorce les affecte. S'ils sont réticents à vous poser des questions à voix haute, demandez-leur de les formuler par écrit. Quand vous aurez discuté avec vos enfants en groupe, parlez à chacun individuellement. Les enfants plus âgés pourraient préférer ne pas vous questionner et ne pas s'exprimer devant leurs frères et sœurs plus jeunes, en partie pour protéger ces derniers et en partie pour éviter de paraître stupides. Une conversation privée procurera à chacun de vos enfants l'occasion d'exprimer ce qui le préoccupe et le rassurera sur l'importance que vous accordez à ses émotions et à ses inquiétudes. Continuez de leur dire quelles conséquences votre divorce entraînera. Si l'un des parents doit retourner sur le marché du travail, ou si les enfants sont forcés de changer d'école, discutez avec eux de ce qu'ils en pensent et des moyens qui leur permettront de mieux assumer ces transformations.

Écoutez vos enfants

> *Le premier devoir de l'amour est l'écoute.*
> PAUL TILLICH

J'ai souvent le tort, en tant que mère, de trop parler. Apprenez à apprivoiser le silence. Vos enfants le combleront si vous leur en donnez l'occasion. Lors de vos conseils de famille et tout au long des procédures de divorce, portez attention à leurs propos. Quelles émotions les sous-tendent? Semblent-ils éprouver de la colère, de la tristesse, un sentiment d'abandon ou du soulagement? Reconnaissez leur droit à éprouver ces émotions et à les manifester aux autres. Ils ont besoin de savoir que vous leur donnez la permission de parler de votre divorce, car ils appréhendent sans doute de vous faire de la peine s'ils osent s'exprimer. Si vous ne les rassurez pas sur ce point, ils pourraient refouler ou nier leurs émotions, ce qui aurait pour effet de nuire à leur guérison. Laissez pleurer vos enfants. Serrez-les dans vos bras. S'ils vous demandent de les laisser seuls, dites-leur que vous les aimez et laissez-les tranquilles. Ils seront plus enclins à se confier à vous à mesure que vous apprendrez à les écouter. Les dix étapes ci-dessous contribueront à raffiner votre sens de l'écoute et à assurer vos enfants que vous accordez de l'importance à leurs propos.

Dix étapes pour apprendre à mieux écouter

1. Engagez la conversation en disant: «À quoi penses-tu?» ou «Est-ce que ça t'aiderait d'en parler?»
2. Montrez que vous êtes à l'écoute en disant: «Je vois», «mm-mmm», «oui», «d'accord».
3. Contentez-vous d'écouter vos enfants en silence et en les approuvant d'un signe de tête.
4. Répétez ce qu'ils vous ont dit et demandez-leur si vous avez bien compris.
5. Regardez vos enfants dans les yeux pendant qu'ils vous parlent.
6. Restez à leur côté pendant qu'ils vous parlent.
7. Touchez-les au bras ou à l'épaule.
8. Ne les interrompez pas.
9. Évitez d'intervenir avec des commentaires négatifs, par exemple: «Tu as tort de penser cela.»
10. Réfrénez votre envie de leur prodiguer des conseils.

La méthode STEP[2] enseigne aux parents à sourire pendant qu'ils écoutent leurs enfants, de même qu'à adopter une attitude de disponibilité, à se pencher vers l'enfant, à le toucher, à ne pas hausser le ton, à le regarder dans les yeux et à hocher la tête en signe d'approbation. L'expression du visage, le ton de voix et les gestes contribuent à exprimer votre désir de porter attention aux sentiments de l'enfant. Dans la section Notes personnelles, décrivez ce que vous entendez quand vos enfants vous confient leurs réactions à votre divorce.

Lorsque François et Bibiane ont annoncé leur divorce à leur petit garçon de six ans, Jérémie, il est allé s'asseoir à l'autre extrémité du canapé, il s'est bouché les oreilles et il a chantonné. Bibiane a voulu le prendre dans ses bras, mais il l'a repoussée en regardant par terre.

---

2. STEP: acronyme de Systematic Training for Effective Parenting (Entraînement systématique à un parentage efficace). *N.d.t.*

François et Bibiane ont attendu que Jérémie cesse de fredonner, puis ils lui ont dit qu'ils l'aimaient et qu'ils comprenaient qu'il soit fâché.

Lorsque, en de telles circonstances, vos enfants repoussent vos marques d'affection, ils vous expriment leur colère. Dites-leur que vous les comprenez et que vous les aimez. Restez à l'écoute de ce qu'ils ont à dire et aussi de ce qu'ils ne vous disent pas.

Lors des conseils de famille et tout au long des procédures de divorce, l'écoute active favorisera la communication avec vos enfants. Par l'écoute active, les parents font savoir à leurs enfants qu'ils sont d'accord avec ce qu'ils ressentent. Ainsi, ils peuvent porter attention à leurs sentiments et les comprendre. Alix, la fillette de huit ans de Colette, dit à sa mère : « Si tu nous aimais, tu reviendrais vivre à la maison. » Colette lui répondit : « Je comprends que tu t'ennuies de moi et que mon divorce te mette en colère. » En se montrant disponible, Colette fit comprendre à sa fille qu'elle devinait les émotions que recelaient les reproches de sa fille et que cette dernière avait sa permission de les éprouver. En commençant vos phrases par des expressions telles que « Il semble que », « On dirait », « Tu sembles » ou « Je vois que tu », vous dites à l'enfant que vous ne devinez pas forcément le fond de sa pensée, mais que vous vous efforcez de comprendre ce qu'il ressent. La communication positive encourage vos enfants à s'exprimer et leur montre que vous êtes disposé à les écouter. La communication négative axée sur la réprimande, les sermons ou le jugement de valeur tend à refermer les enfants sur eux-mêmes. Dans le tableau ci-dessous, vous trouverez des exemples de communication négative et positive.

Déclaration de l'enfant	*Communication négative*	*Communication positive*
« J'ai mal au ventre. Je suis malade. Dis à papa de venir. »	« Lève-toi. Tu n'es pas malade. Tu vas être en retard à l'école. »	« Je sais que ton papa te manque et que tu aimerais qu'il soit ici. Que dirais-tu de lui passer un coup de fil à ton retour de l'école ? »

« Encore du macaroni au fromage ? C'est tout ce que tu sais faire ? »

« Tu devrais être content de ne pas crever de faim. Je travaille comme une esclave toute la journée, moi. Si tu n'es pas content, tu n'as qu'à aller dîner chez ton père. »

« Je comprends que ce ne soit pas facile pour toi. Nous n'avons pas autant d'argent qu'auparavant et nous n'allons plus aussi souvent au restaurant. Que dirais-tu de planifier avec moi des menus qui te plaisent mais qui ne grèvent pas notre budget ? »

« Menteuse ! Tu m'avais promis que notre famille durerait toujours ! »

« Ne me parle pas sur ce ton ! »

« Tu sembles beaucoup souffrir de la rupture entre ton père et moi. »

Si vos enfants semblent vous manquer de respect, ne perdez pas de vue que l'objectif de la communication positive est de permettre à ces derniers de vous faire part de leurs sentiments. Le respect est une valeur fondamentale ; les enfants doivent apprendre à ne pas blasphémer et à ne pas vous injurier. Mais rappelez-vous qu'en voulant leur imposer à tout prix un comportement respectueux à votre égard en cette période de crise, vous vous fermez à la véritable communication. Vous devez avant tout les aider à comprendre qu'ils ne sont pas responsables de votre divorce, que vous les aimez, que vous êtes à leur écoute, que vous comprenez et acceptez leurs sentiments. Nous reviendrons plus avant dans ce chapitre sur la façon d'aider vos enfants à vous exprimer leurs émotions d'une manière appropriée.

EXERCICE 10 : LA COMMUNICATION POSITIVE

Étape 1 : Pour chaque commentaire ci-dessous, écrivez un exemple de réponse positive.

Déclaration de l'enfant :

« Tu n'as jamais aimé maman et tu ne m'aimes pas non plus. »

Réaction positive :

_____

_____

_____

Déclaration de l'enfant :

« Tu ne me laisses jamais faire ce que j'aime. Si maman était encore avec nous, elle me laisserait aller à cette fête. »

Réaction positive :

_____

_____

_____

Déclaration de l'enfant :

« Même l'amie de papa dit que tu es une sorcière. J'appelle papa. »

Réaction positive :

_____

_____

_____

Déclaration de l'enfant :

« Je te déteste. Je ne veux pas que nous divorcions. »

Réaction positive :

_____

_____

_____

Étape 2 : Relisez chacune de vos réactions à voix haute et répondez aux questions ci-dessous afin de vous assurer qu'elles sont bien positives.

1. Cette réponse énonce-t-elle les sentiments de l'enfant ?
2. Ai-je évité les jugements de valeur, le sarcasme et la négativité ?
3. Est-ce que ma réaction donne l'impression que je m'efforce de

comprendre les émotions de mon enfant? Est-ce que, au contraire, je lui dis ce qu'il doit ressentir?

Étape 3 : Notez un commentaire négatif de l'un de vos enfants et rédigez une réponse positive.

Déclaration de l'enfant:

_____

_____

_____

Réaction positive:

_____

_____

_____

Étape 4 : Appliquez les questions de l'étape 2 à cette dernière réaction.

Demandez à vos enfants de rédiger leurs questions et les inquiétudes que leur inspire votre divorce

Encouragez vos enfants à identifier et à noter par écrit tout ce qui les préoccupe. Que chacun d'eux note les interrogations, les inquiétudes, les appréhensions, bref, les angoisses que lui inspire votre divorce. S'ils se montrent réticents, demandez-leur de vous les décrire et notez-les à leur place. S'ils aiment travailler à l'ordinateur, préparez-y un formulaire à leur intention et demandez-leur de le compléter.

Le père de Lara ayant demandé à sa fille de neuf ans de noter toutes les questions dont elle voulait discuter à propos du divorce de ses parents, elle répondit que tout allait bien et qu'elle ne ressentait pas le besoin d'en parler. Puis elle se remémora son chat, qui avait disparu l'année précédente, et son chien, qui avait été heurté par une voiture. Son père lui demanda ce qui l'avait consolée quand Pantouflard n'était pas rentré à la maison et quand Charlemagne était mort. Les enfants et les adultes qui traversent un deuil revivent souvent les émotions qui les ont frappés lors d'un deuil précédent. La liste des préoccupations de vos enfants pourrait très bien comprendre la perte d'un animal de compagnie ou d'un membre de la famille, ou le déménagement de leur meilleur ami. Ne les censurez pas. Rappelez-leur plutôt le courage dont ils ont fait preuve lorsqu'ils ont eu à affronter cette perte. Leur liste vous semblera sans doute très longue et intimidante, mais lisez-la avec beaucoup d'attention. Il se pourrait aussi que vos enfants refusent de préparer cette liste, ou qu'ils prétendent ne rien avoir à y inscrire. Dites-leur que c'est très bien ainsi et que, si des questions ou des inquiétudes les assaillent plus tard, vous serez toujours disposé à en parler avec eux.

Enseignez à vos enfants à s'exprimer d'une manière appropriée

Encourager vos enfants à s'exprimer ne signifie pas que vous deviez accepter qu'ils vous injurient. Si vos enfants vous insultent de façon répétée, s'ils blasphèment et vous attaquent verbalement, imposez des limites à leur expression. S'ils ont la permission de vous dire qu'ils sont en colère, les injures, en revanche, sont inadmissibles. Lorsque Timothée a dit à son fils de sept ans qu'il ne pourrait pas aller en camping avec son copain Guy le week-end suivant, Réginald lui a répliqué : « Ferme ta gueule. » Timothée a dit à Réginald : « Je t'interdis de me dire : "Ferme ta gueule." Par contre, tu peux me dire : "Je suis très fâché que tu ne me permettes pas d'aller en camping avec Guy ce week-end." » Formulez autrement les expressions malheureuses et les insultes de vos enfants. Enseignez-leur à exprimer ce qu'ils ressentent d'une manière positive et productive. Donnez-leur l'exemple : « Quand tu m'insultes, cela me fait de la peine » ou « Je comprends que tu sois fâché, mais quand tu emploies de tels mots à mon endroit, j'ai l'impression que tu me manques de respect. » N'oubliez pas qu'il pourrait vous répondre comme suit : « Tu ne t'es pas préoccupé de moi quand tu as divorcé. Pourquoi devrais-je m'inquiéter de ce que tu ressens ? » Faites-lui bien comprendre que vous savez combien votre divorce est difficile pour lui. N'oubliez pas que le fait de s'exprimer correctement est une aptitude qui s'acquiert et que vos enfants doivent l'acquérir. Un jour que, sous l'effet de la colère, j'avais eu des propos malheureux envers mon fils, il me répliqua : « Tu es une adulte. Si toi tu ne peux pas contrôler tes paroles quand tu es fâchée, comment veux-tu que moi je le fasse ? Je n'ai que six ans ! » S'il vous est difficile de réagir avec neutralité à la colère de vos enfants, faites les exercices 8 et 10 du présent chapitre. Faites preuve de patience quand vous enseignez à vos enfants à s'exprimer poliment. Acceptez qu'ils n'y parviennent pas du premier coup. (Le chapitre 6 aborde plus en détail l'extériorisation de la colère.)

Tout au long des procédures de divorce, continuez de répéter à vos enfants que vous les aimez. L'exercice suivant permettra à vos enfants de constater que vous les aimez toujours.

EXERCICE 11 : LES MANIFESTATIONS DE NOTRE AMOUR

Faites cet exercice avec votre enfant.

Matériaux
papier bristol grand format
ciseaux, bâton de colle, marqueurs
images de magazines représentant des personnes souriantes, qui s'étreignent, qui s'amusent (les magazines axés sur la vie familiale sont tout à fait appropriés)

Étape 1 : Dites à votre enfant que vous l'aimez et que vous allez créer un collage pour illustrer la façon dont vous vous aimez.

Étape 2 : Feuilletez ensemble les magazines et demandez à votre enfant d'y découper les photos qui illustrent à ses yeux des manifestations d'affection. Si votre enfant est trop jeune pour se servir de ciseaux, demandez-lui de vous indiquer les illustrations qui le frappent et découpez-les vous-même. Ne vous inquiétez pas de savoir si ces illustrations représentent des manifestations d'affection. S'il choisit des photos de nourriture ou d'animal, c'est très bien ainsi.

Étape 3 : Demandez-lui de coller ces illustrations sur le bristol. Choisissez-en une et demandez-lui de vous la décrire. Ne commentez pas sa description ; contentez-vous de l'écouter. Parlez-lui ensuite de la façon dont vous lui manifestez votre amour.

Étape 4 : Si votre enfant en est capable, demandez-lui de tracer sous l'illustration sa conception de l'amour.

Étape 5 : Demandez à l'enfant où il veut que vous affichiez votre collage. Prenez votre enfant dans vos bras.

Continuez de réunir la famille une fois la semaine

Le fait de poursuivre vos réunions familiales hebdomadaires démontrera à vos enfants qu'ils ont régulièrement la possibilité d'exprimer leurs idées et leurs sentiments. Il n'est pas indispensable que les deux parents soient présents. Si vous croyez que la présence de votre ex-conjoint peut être bénéfique, discutez-en avec lui avant la tenue de la réunion. Efforcez-vous de réunir la famille le même jour et à la même heure chaque semaine. Cela vous évitera de reporter vos réunions. Passez en revue le calendrier de vos activités et l'horaire de parentage de la semaine. Dites à vos enfants quand ils verront votre ex-conjoint et quand ils reviendront chez vous. Assurez-vous de revenir sur les sujets laissés en suspens lors de votre dernier conseil de famille. Consultez la liste de questions que vos enfants ont préparée auparavant (voir le début du présent chapitre) et demandez-leur s'ils ont d'autres questions à y ajouter. Les conseils ci-dessous vous aideront à mettre ces réunions au service d'une communication familiale efficace.

Quelques conseils pour réussir vos conseils de famille

1. Réunissez la famille chaque semaine dans le but de :
    • favoriser la communication entre membres de la famille ;
    • discuter des questions familiales, des valeurs, des règlements, de la répartition des tâches et des griefs ;
    • passer en revue le calendrier de la semaine ;
    • planifier les activités familiales.
2. Respectez les engagements que vous prenez au cours de ces réunions.
3. Respectez l'heure convenue pour le début et la fin de la réunion.
4. Dressez le procès-verbal de la réunion.
5. Assurez la rotation du président et du secrétaire.
6. En tant que parent, donnez l'exemple du recours au « je ».
7. Si les participants s'interrompent ou éprouvent de la difficulté à écouter les autres, favorisez le bon ordre des interventions au moyen d'un « objet de parole ». Cet objet de parole peut être n'importe quoi, par exemple un animal en peluche (l'idéal). La personne qui parle tient cet objet contre elle. Lorsqu'elle a fini de s'exprimer, elle le tend à

quelqu'un d'autre. Seule la personne qui tient cet objet de parole est autorisée à parler.

8. Au moment de mettre fin à la réunion, chaque personne présente relate un événement heureux de sa vie ou complimente tous les participants, tour à tour.

Les enfants, surtout les très jeunes enfants, s'extériorisent le plus souvent par l'action plutôt que par des mots : crises de colère, incontinence urinaire nocturne, mensonges, chamailleries, petits larcins, maux d'estomac ou maux de tête (ces réactions en fonction de l'âge sont décrites au chapitre 7). Lorsque les très jeunes enfants refoulent leurs émotions, ces réactions tendent à s'intensifier. Si parler de votre divorce à vos enfants vous semble trop pénible, n'oubliez pas que le dialogue est plus profitable que le silence et que celui-ci peut entraîner des conséquences auxquelles il serait difficile de remédier. En procurant à vos enfants de nombreuses occasions de s'exprimer et en leur enseignant à s'extérioriser de façon appropriée, vous les habituerez à verbaliser leurs émotions.

Assurez la normalité de la vie de vos enfants

La peur du changement peut beaucoup affecter les enfants. Assurez-vous de bouleverser leur vie le moins possible. Faites-leur comprendre qu'ils ont toujours une famille, même si cette famille s'est quelque peu transformée. Il importe de préserver leurs sentiments d'appartenance et de sécurité. Respectez autant que possible les traditions familiales, notamment la fréquentation de l'église, les expéditions de camping, les balades en voiture ou la tournée du quartier pour y admirer les décorations de Noël. Esther, qui avait cinq enfants, se demandait comment son divorce affecterait leur expédition annuelle de camping. « Au début, j'appréhendais beaucoup nos premières vacances sans Timothée, mais quand le moment est venu de les planifier, je me suis souvenue qu'il détestait le camping. Il s'y sentait malheureux, il se plaignait de tout. Ce fut une libération de savoir que nous pourrions faire ce qui nous plaisait sans nous inquiéter de la réaction de Timothée. » Certes, les traditions familiales vous sembleront différentes en l'absence de l'un des parents, mais le fait de les observer favorisera votre adaptation à la situation. Si la communication entre vous tous est efficace, les traumatismes dus aux changements seront moins intenses et vous renforcerez les liens qui vous unissent à vos enfants.

6

Comment comprendre ses enfants
et les aider à s'extérioriser

POINTS SAILLANTS

- Tant pour les enfants que pour les adultes, l'adaptation au divorce comporte plusieurs étapes.
- La colère, la tristesse, le soulagement et la culpabilité sont des réactions normales.
- Donnez l'exemple d'une extériorisation appropriée.
- Recourez à la communication indirecte pour inciter vos enfants à extérioriser leurs émotions.

Le sentiment d'abandon déclenché par un divorce est souvent plus aigu que celui qui résulte du décès de l'un des parents. Non seulement les enfants sont privés de la présence quotidienne de leurs deux parents, mais encore ils perdent parfois le soutien de la famille, des amis ou des voisins lorsque ceux-ci prennent parti pour l'un des membres du couple ou lorsqu'ils gardent leurs distances au lieu de venir en aide aux enfants. Pour apaiser le stress et la souffrance associés à une séparation, les parents doivent prendre conscience de ces émotions, les accepter et en parler avec leurs enfants. S'ils bénéficient du soutien des deux parents, les enfants sauront qu'ils ne sont pas abandonnés à eux-mêmes, qu'ils ont des réactions normales et que vous leur permettez d'extérioriser leurs sentiments.

Les étapes du deuil chez l'enfant

Tant pour les enfants que pour les adultes, l'adaptation au divorce comporte plusieurs étapes. Le compte rendu ci-après ne constitue pas un mode d'emploi sur la façon dont il convient de franchir ces étapes du deuil. Il a plutôt pour but de vous aider à comprendre le processus émotionnel qu'implique un divorce. N'oubliez pas que vos enfants (et vous) pourriez sauter l'une de ces étapes ou effectuer des allers et retours entre certaines d'entre elles.

Le deuil requiert une forte dépense d'énergie. Ne soyez pas surpris si votre enfant semble léthargique, s'il n'a pas envie d'aller à l'école, de faire ses devoirs ou de jouer avec ses amis. Si cet état persiste, ou si votre enfant ne semble pas franchir normalement les étapes du deuil, n'hésitez pas à contacter son conseiller scolaire ou à consulter un thérapeute qui se spécialise dans le traitement des enfants de parents divorcés. (Nous abordons plus en détail la question de la thérapie au chapitre 13.)

En favorisant la communication avec vos enfants, vous serez mieux en mesure de déterminer à quelles étapes ils en sont et ce dont ils ont besoin. Ne leur dites pas comment ils doivent vivre ce deuil. Le deuil est un processus très personnel et, tout comme les adultes, les enfants le vivent chacun à sa façon. Certains ressentent le besoin de pleurer, tandis que d'autres ne versent pas une larme. D'autres veulent dialoguer, tandis que d'autres encore veulent qu'on les laisse seuls. Pour bien leur exprimer votre disponibilité même lorsqu'ils disent souhaiter qu'on les laisse tranquilles, évitez de leur poser des tas de questions, mais sachez les écouter. Par exemple, dites quelque chose comme : « J'ai remarqué que tu passais beaucoup de temps dans ta chambre. Ce doit être difficile pour toi de penser à tous les bouleversements qui affectent notre famille. » Écoutez ce que vos enfants ont à dire et restez proche d'eux tout au long des étapes de leur deuil. Vous comprendrez mieux comment ils affrontent la douleur et vous consoliderez votre relation. Le fait d'être attentif à la façon dont ils s'adaptent aujourd'hui à votre divorce vous rendra également plus sensible à leur bien-être tout au long de leur enfance et de leur adolescence.

Le choc

« Quand papa et maman m'ont annoncé leur divorce, j'ai eu une réaction bizarre. Je n'étais pas vraiment bouleversé. On aurait plutôt dit une sorte d'engourdissement. » (Benoît, quinze ans) La première étape du deuil est le choc. Les enfants seront sans doute abasourdis quand vous leur annoncerez que vous vous séparez et peut-être auront-ils les yeux vitreux. Ils pourraient paraître calmes, comme si de rien n'était. Cela ne signifie nullement que votre divorce ne les affecte pas, mais bien que la réalité leur est trop difficile à assumer sur le coup. Le choc est un mécanisme de défense qui nous permet d'affronter des circonstances renversantes et traumatisantes en engourdissant nos émotions jusqu'à ce que nous soyons en mesure de les affronter.

Vos enfants ont besoin de votre patience. Aidez-les à surmonter ce choc initial par le dialogue. Au lieu de leur poser des questions auxquelles ils doivent répondre par un oui ou par un non, par exemple, « Es-tu fâché que maman et moi ayons décidé de divorcer ? », recourez plutôt à des énoncés tels que «Je me demande ce que tu ressens...» ou «Je me demande si tu es fâché que...» Demandez-leur ce qui les préoccupe à propos du divorce ou de l'avenir de la famille. Mais quoi que vous fassiez, ne les bombardez pas de questions. Les enfants, les adolescents surtout, se sentent victimes d'une inquisition quand les parents les interrogent sans cesse. Quand vous leur aurez posé une question, attendez qu'ils y aient répondu avant d'intervenir par un commentaire ou une autre question. Le silence incommode souvent les parents. Mais vos enfants ont besoin de temps pour réfléchir aux sentiments qui les animent et à la manière de les formuler.

La négation

«Quand maman nous a quittés, je me suis dit qu'elle s'était simplement querellée avec papa une fois de plus et qu'elle reviendrait bientôt.» (Simone, douze ans) Selon de nombreux spécialistes, l'étape du choc et celle de la négation se confondent souvent. Les enfants refoulent leur réaction ou prétendent qu'il ne se passe rien d'anormal. Ils refusent de parler du divorce et affirment que la chose ne les préoccupe pas. Certains enfants évitent de se confier à leurs amis ou inventent toutes sortes d'histoires pour justifier l'absence de l'un de leurs parents. D'autres quittent la pièce quand leurs parents abordent le sujet du divorce. Les plus jeunes se bouchent parfois les oreilles en fredonnant ou en disant: «Je ne t'entends pas!» Ils vous demandent de ne leur lire que des histoires de familles heureuses et intactes. Ils dessinent le portrait de votre famille unie et heureuse, ou couchent Barbie et Ken dans le même lit. Ces jeux sont tout à fait normaux et contribuent à les aider à assumer leurs émotions. Ce n'est pas la peine de leur dire que Barbie et Ken ne partagent plus la même maison. La plupart des enfants finiront par accepter le divorce. Ne perdez pas de vue que la négation est une étape normale du deuil qui permet de surmonter plus facilement le stress. Les enfants puisent dans cette attitude initiale le courage d'assumer leur perte.

Vos enfants pourraient inventer toutes sortes de subterfuges pour vous inciter à vous réconcilier: faire semblant d'être malades pour que votre ex-conjoint revienne à la maison; demander à papa d'inviter maman à dîner; prétendre que votre ex-conjoint se languit de vous. «Papa est si déprimé. Il pleure sans arrêt. Je sais qu'il regrette ce qu'il a fait. Si tu lui donnais une autre chance, il reviendrait à la maison, j'en suis sûr.» (Ludovic, quatorze ans) Si vos enfants croient que vous divorcez à cause d'eux, ils pourraient adopter une attitude de servilité ou un comportement irréprochable, pensant qu'ainsi vous vous réconcilierez. Il est normal que les enfants entretiennent des fantasmes de réunification, qu'ils s'imaginent que leurs parents reviendront ensemble. Ils rêvassent, se remémorent les bons moments de votre vie familiale. Si, aux dires de leurs enseignants, vos enfants éprouvent des difficultés de concentration, cette distraction peut être due au fait qu'ils se remémorent, en classe, les bons et les mauvais moments de leur vie d'avant. Quand cela se produit, dites-leur que vous comprenez les difficultés qu'ils affrontent et encouragez-les à se confier à vous.

Il arrive que la phase de négation se prolonge. Cela est parfois causé par un sentiment de culpabilité de l'enfant ou à son désir de ne pas affronter ce sentiment de culpabilité, au sentiment d'abandon et au ressentiment. Si vos enfants persistent à tout tenter pour provoquer une réconciliation, dites-leur quelque chose comme: «Papa/maman et moi voulons divorcer, car nous ne sommes plus heureux ensemble et non pas parce que nous ne sommes plus heureux avec toi. Ton comportement n'a rien à voir dans notre divorce. Quoi que tu fasses, nous divorcerons. Tu nous as peut-être entendus nous disputer à ton sujet, mais sache que la plupart des parents se disputent au sujet de leurs enfants, même quand il n'est pas question pour eux de divorcer. Ta conduite irréprochable t'aidera sûrement à traverser cette épreuve; quant à moi, j'apprécie beaucoup toute l'aide que tu m'apportes. Mais rien de cela ne fera revenir papa/maman à la maison.» Ces paroles peuvent sembler cruelles. Mais votre enfant doit comprendre qu'il n'est pour rien dans votre décision.

Si la négation aide les enfants à mieux affronter la phase initiale du divorce, elle ne leur procure pas les moyens d'assumer la situation. Certains enfants ne sont toujours pas parvenus à accepter le divorce de leurs parents même cinq ou dix ans après que celui-ci a eu lieu. À long terme, la négation pourrait nuire à l'aptitude de vos enfants à affronter des situations difficiles. S'ils s'obstinent à vouloir vous convaincre que tout va bien, il se pourrait qu'ils refoulent leurs sentiments ou qu'ils appréhendent de vous faire de la peine en extériorisant leurs émotions.

La colère

« Quand Grégoire m'a quittée, Sylviane s'est montrée extrêmement désagréable. Elle m'a accusée d'avoir poussé son père à partir. Elle m'a dit qu'elle me détestait et elle a dit à son petit frère que, s'il n'avait pas été aussi insupportable, son père ne nous aurait jamais quittés. » (Monique, deux enfants) Après le choc et la négation du début, quand les enfants commencent à voir la réalité en face, ils peuvent éprouver un vif ressentiment. La vie est injuste, croient-ils. Leur existence est complètement chambardée et ils détestent cela.

Contrairement à la mort, aux accidents ou aux cataclysmes, le divorce résulte d'une décision personnelle d'un ou des deux parents. Les enfants savent que leurs parents l'ont voulu ainsi. Ils en veulent à ces adultes qui devaient les protéger, mais qui bouleversent leur vie et les affligent. Ils pourraient même se persuader que votre attitude est immorale, égoïste et froide, et que vous êtes incapable de sauvegarder leur famille. Parallèlement, puisqu'ils vous aiment et continuent d'avoir besoin de vous, ils se reprochent leur ressentiment et ne parviennent pas à vous exprimer ce qu'ils ressentent.

Le ressentiment des enfants peut se manifester ouvertement ou demeurer secret. Les enfants pourraient hurler, jeter tout ce qui leur tombe sous la main ou même frapper leurs amis ou leurs frères et sœurs. Ils pourraient extérioriser leur colère par des comportements dangereux ou répréhensibles, par exemple en volant, en mentant, en refusant de vous obéir ou en s'enfuyant de la maison. Ils pourraient se désintéresser de leurs études ou même faire l'école buissonnière, refuser d'accomplir leur part des tâches ménagères ou refuser de voir ceux de leurs amis que leurs parents aiment plus particulièrement. Les fréquentations douteuses, le fait de se raser les cheveux, par exemple, sont aussi des manifestations de ressentiment ou une façon, pour vos enfants, d'affirmer leur individualité. Mais ne supposez pas d'emblée qu'ils souhaiteront se faire tatouer ou percer le nez parce que vous divorcez. Soyez aux aguets d'un changement de comportement soudain et continuez à inciter vos enfants au dialogue.

La tristesse et la dépression

Le deuil commence quand se sont estompés le choc initial et la négation. Le ressentiment se poursuit parfois, mais il peut arriver qu'une affliction profonde le remplace. Vos enfants ont perdu non seulement l'un de leurs parents, mais aussi un style de vie. Ils pourraient être assaillis par un sentiment d'impuissance et de désespoir et se demander : «À quoi bon?» Le parent absent les obsédera peut-être. Certains voudront porter des vêtements ou des bijoux qui lui appartiennent, d'autres imiteront le parent absent ou emploieront des expressions qu'il affectionne. Parfois, les enfants assument leur deuil en imitant le père ou la mère qui les a quittés.

Certains enfants posent sans arrêt les mêmes questions. Le fait de vous entendre leur répéter mille fois les mêmes réponses peut les aider à surmonter cette crise. Par conséquent, montrez-vous patient et compréhensif, et pratiquez l'écoute active qui les aidera à identifier et à extérioriser leurs sentiments.

La guérison

«Mes parents ne s'aiment plus, mais ils m'aiment encore.» (Claire, six ans) La guérison commence lorsque vos enfants peuvent reprendre leurs activités habituelles et lorsqu'ils sont moins réticents à aborder le sujet de votre divorce. Cette étape n'est atteinte que deux à trois ans après le divorce. Ils devront d'abord s'adapter aux vacances et aux anniversaires nouveau style, de même qu'à toutes les autres célébrations traditionnelles au sein d'une famille renouvelée. Les conflits entre leurs parents et leur relation avec leurs père et mère influeront sur leur guérison. Les parents peuvent favoriser cette guérison par une meilleure entente, par un coparentage efficace et par une relation de solidarité avec leurs enfants.

Chez les adolescents et les jeunes adultes, la guérison commence à prendre forme quand ils cessent d'appréhender l'amour, quand ils reconnaissent qu'on les aime et qu'ils sont capables d'aimer. Bien que les jeunes adultes sachent que leur propre mariage pourrait aussi se solder par un divorce, ils sont désireux de s'engager dans une relation affective stable. La guérison coïncide avec une confiance renouvelée dans le mariage et la monogamie. Le jeune adulte sait qu'il possède le courage de ne pas répéter les erreurs de ses parents, il sait qu'il peut communiquer avec ses êtres chers et développer des relations équilibrées.

Les émotions qu'éprouvent habituellement les enfants du divorce

Les enfants éprouvent toute une gamme d'émotions lorsqu'ils sont confrontés au divorce de leurs parents. Nous en énumérons quelques-unes ci-dessous. (Dans le chapitre suivant, nous vous apprenons comment aider vos enfants à assumer ces émotions selon leur groupe d'âge.)

La colère

« Tu es égoïste. Je ne veux plus avoir de papa. » (Émilie, cinq ans) Vos enfants désirent un foyer uni et stable. Ils vous en veulent pour les changements qu'entraîne votre divorce, même si ces transformations vous semblent être pour le mieux. Vous leur avez promis une famille unie et vous avez manqué à votre promesse.

Vos enfants éprouveront de la colère envers leurs deux parents ou envers un seul. Souvent, ils blâmeront surtout le parent qui a demandé le divorce. Ils ne connaissent ni ne comprennent les circonstances à l'origine de votre séparation. Parfois, bien qu'ils en veuillent aux deux parents, un seul d'entre eux sera la cible de leur ressentiment. J'ai connu un enfant qui en voulait au juge. Ne vous sentez pas visé si votre enfant vous reproche une erreur qu'a commise votre ex-conjoint, notamment en arrivant en retard à leur rendez-vous. Les enfants appréhendent parfois de chasser à jamais leur père ou leur mère s'ils lui manifestent ouvertement leur ressentiment. Ils s'extériorisent donc avec la personne qui leur procure un sentiment de sécurité et dont ils savent qu'elle ne les abandonnera pas.

Au lieu de tout tenter pour justifier votre décision, aidez vos enfants à identifier leurs émotions et à prendre les moyens nécessaires pour guérir. Il leur faudra du temps pour surmonter leur ressentiment. Ils doivent parvenir à comprendre que leurs parents ne sont ni parfaits ni infaillibles. Ils doivent aussi pardonner à leurs parents et se pardonner eux-mêmes pour la colère qu'ils ressentent. N'essayez pas de les persuader de se calmer. Songez à ce que vous avez ressenti la dernière fois qu'on vous a reproché de vous être mis en colère : sans doute en avez-vous été doublement furieux. Ne dites pas à vos enfants de rester calmes ; faites-leur plutôt comprendre que leur ressentiment est une réaction normale et aidez-les à s'extérioriser sans blesser qui que ce soit et sans vous occasionner de dommages matériels. Voici quelques trucs pour apaiser les tempéraments bouillants.

Comptez jusqu'à dix.

Inspirez profondément trois fois.

Dépensez-vous physiquement: faites des tractions, une promenade ou une randonnée à bicyclette.

Chantez à tue-tête.

Dansez un rock déchaîné.

Lisez.

Soufflez comme un phoque.

Frappez dans un oreiller.

Dites: «J'en ai plein les pattes!»

Écrivez ce qui vous met en colère.

La tristesse, l'abandon, le deuil

Étienne, dix ans, énumère ce que le divorce lui a fait perdre: «Mes parents, l'amour de mes parents, des objets familiers.» Le divorce représente une perte, un deuil que doivent assumer les enfants. Leur tristesse pourrait s'exprimer de plus d'une façon: pleurs, sautes d'humeur, insomnie, hyperactivité, difficultés de concentration, impression de vide intérieur, inhibitions, excès de nourriture, malaises psychosomatiques tels que maux de tête ou d'estomac sans cause apparente.

Vos enfants subiront aussi des pertes secondaires, notamment une baisse du revenu familial causée par la nécessité de maintenir deux domiciles, ou encore l'éloignement de leurs amis en raison d'un déménagement ou d'un changement d'école.

Pour aider vos enfants à se valoriser et à se sentir dignes d'être aimés, assurez-vous qu'ils maintiennent des contacts fréquents avec leurs deux parents. Efforcez-vous de leur faire comprendre qu'ils ne sont pas responsables de votre divorce, et aidez-les à préserver leur estime d'eux-mêmes.

La peur

Jérémie, quatorze ans, pria sa mère de lui permettre de faire une nouvelle thérapie : il était miné par l'inquiétude et éprouvait le besoin de parler de sa relation avec son père. J'avais reçu Jérémie en consultation deux ans auparavant, peu après que sa mère et lui eurent quitté le domicile familial. Jérémie, qui provenait d'une famille de la classe moyenne, s'inquiétait beaucoup de savoir si sa mère était en mesure de boucler son budget. Il me demanda combien coûteraient ses séances de thérapie. Quand je lui répondis que l'assurance les couvrait pour une bonne part, il poussa un soupir de soulagement. Au bout de quelque temps, Jérémie me confia que son père refusait de contribuer financièrement à sa formation universitaire, mais qu'il paierait pour celle de son frère. À Noël, aux anniversaires, cet écart s'amplifiait : les présents du père au frère de Jérémie incluaient un ordinateur, un Nintendo, un appareil de télévision, bref, toutes sortes d'équipements électroniques. Jérémie ne recevait de son père que des vêtements. Le père de Jérémie se justifiait comme suit : puisque le frère de Jérémie avait choisi d'aller vivre avec lui, et Jérémie avec sa mère, celle-ci devait assumer les coûts de l'éducation de Jérémie. La mère de Jérémie était serveuse de restaurant ; elle n'avait nullement les moyens d'offrir des cadeaux coûteux à son fils, encore moins des études universitaires. Tout en niant qu'il punissait ainsi son fils d'avoir choisi de vivre avec sa mère, le père de Jérémie renforçait la crainte que son fils éprouvait, non seulement de ne pouvoir poursuivre ses études, mais aussi de manquer de l'essentiel.

Lors d'un divorce, les enfants sont vulnérables et anxieux. Ils appréhendent de manquer du nécessaire. Ces peurs s'intensifient si les parents se querellent pour des questions d'argent ou si l'un des deux parents tient l'autre responsable de ses faibles ressources financières. Dans un tel contexte, les enfants ne se sentent pas du tout en sécurité. Les plus jeunes se disent parfois que, puisque l'un de leurs parents est parti, l'autre pourrait les quitter aussi. « Qui prendra soin de moi ? » ou « Si tu as pu cesser d'aimer papa/maman, tu pourrais cesser de m'aimer aussi » : ces interrogations font partie de leurs inquiétudes. Les enfants qui appréhendent de se retrouver seuls et abandonnés le matin au réveil éprouvent des problèmes de sommeil. Continuez de les rassurer, de leur exprimer votre amour et de leur démontrer qu'ils ne sont pas seuls.

La culpabilité

Un grand nombre d'enfants, mais pas tous, se sentent responsables du divorce de leurs parents. Les très jeunes enfants croient parfois que leur inconduite en est la cause, ou que papa (ou maman) les a quittés parce qu'ils ont souhaité en secret qu'il (elle) s'en aille. Les enfants qui ont été conçus avant le mariage de leurs parents se culpabilisent en pensant que leurs parents se sont mariés uniquement parce que leur mère était enceinte. D'autres croient que leur père ou leur mère les a préférés à son conjoint. D'autres ont entendu leurs parents se quereller à leur sujet. « Maman ne se chicanerait pas avec papa pour des questions d'argent s'ils ne devaient pas tant en dépenser pour nous. » (Jean, dix ans)

Dites à vos enfants qu'ils ne sont pas la cause de votre divorce : cela peut les aider. Vous apaiserez leur sentiment de culpabilité si vous les encouragez à parler du divorce avec vous, avec d'autres adultes et avec d'autres enfants qui sont parvenus à surmonter la même situation. De nombreuses écoles et de nombreux organismes proposent des groupes de soutien aux enfants de parents divorcés afin de les aider à comprendre qu'ils ne sont pour rien dans la séparation de leurs parents.

Le sentiment de culpabilité des enfants provient parfois du soulagement qu'ils éprouvent au départ de l'un de leurs parents. Réjouis que les querelles prennent fin, ils sont néanmoins conscients de l'affliction de leurs parents. Ils s'en veulent d'être heureux ou soulagés alors que leurs parents souffrent.

L'important est qu'il est tout à fait normal d'éprouver de telles émotions : elles relèvent de l'instinct humain de survie. Ce ne sont pas les émotions elles-mêmes qui nous occasionnent des problèmes ou des conflits dans nos relations, mais bien le comportement destructeur qui sert à les extérioriser. Il peut être difficile pour les parents d'autoriser ou d'encourager leurs enfants à extérioriser leurs émotions, en particulier le ressentiment, mais rappelez-vous que les enfants doivent apprendre à identifier et à exprimer leurs émotions pour parvenir à développer des mécanismes appropriés qui leur permettront de s'adapter avec succès au divorce de leurs parents. Les enfants ont besoin d'aide pour assumer et exprimer leurs émotions par des moyens qui favoriseront leur guérison sans blesser personne. Tout comme pour les adultes, il peut leur être difficile de contrôler leurs émotions avant d'avoir pu identifier et assumer celles-ci.

«Après le divorce, Emmanuel semblait souffrir de schizophrénie. Il était doux et affectueux un moment, puis, l'instant d'après, il se mettait à blasphémer et à me lancer tout ce qui lui tombait sous la main. Je lui disais de remballer son démon intérieur et de me rendre mon fils.» (Karine, six enfants) Les enfants éprouvent souvent de la difficulté à se confier lors d'un divorce. Lorsqu'ils sont en colère, tristes ou bouleversés, ils se conduisent mal à l'école, ils se fâchent, ils se plaignent de maux de tête ou d'estomac, ou ils mouillent leur lit. Quand on s'enquiert de ce qui se passe, ils haussent les épaules. L'exercice ci-dessous aidera vos enfants à identifier et à exprimer leurs émotions.

EXERCICE 12 : QU'EST-CE QUE JE RESSENS AUJOURD'HUI? AFFICHE DES ÉMOTIONS

Matériaux
crayons de couleur, crayons de cire ou marqueurs
grand papier bristol
bâton de colle
ciseaux
photos de magazines représentant des personnes qui expriment différents types d'émotions

Étape 1 : Dites à votre enfant que vous allez créer ensemble une affiche d'émotions. Expliquez-lui qu'il est normal d'éprouver des émotions et que vous vous intéressez à ce qu'il ressent. Expliquez-lui aussi que, lorsqu'on comprend ses émotions et qu'on accepte d'en parler, on apprend à extérioriser celles-ci d'une manière positive.

Étape 2 : Au haut de l'affiche, écrivez ou faites écrire par votre enfant : «Qu'est-ce que je ressens aujourd'hui ?»

Étape 3 : Demandez à votre enfant de choisir des émotions dans la liste ci-après. Encouragez-le à choisir des émotions agréables et désagréables.

Abandonné	Digne	Mal à l'aise
Affectueux	Drôle	Mal-aimé
Affligé	Écorché	Maladroit
Agacé	Égoïste	Maussade
Aimant	Embrouillé	Mêlé
Aimé	Enchanté	Moche
Allègre	Engourdi	Nécessaire
Amical	Enragé	Nerveux
Amusé	En sécurité	Obstiné
Anormal	Entêté	Offensé
Anxieux	Enthousiaste	Optimiste
Approuvé	Estimable	Ouvert
Avide	Estimé	Paisible
Beau	Excité	Paresseux
Bienveillant	Exploité	Patient
Blessé	Extatique	Perdu
Bougon	Fâché	Peu sûr de lui
Bousculé	Fatigué	Piégé
Calme	Fier	Proche
Capable	Formidable	Puissant
Capricieux	Fort	Reconnaissant
Comblé	Foutu	Rejeté
Compréhensif	Furieux	Ridicule
Compris	Gai	Ronchon
Confiant	Gêné	Sale
Confortable	Harassé	Satisfait
Confus	Heureux	Sceptique
Content	Honteux	Secourable
Contrit	Horrifié	Seul
Coupable	Important	Sot
Courageux	Impuissant	Soulagé
Couronné de succès	Incertain	Sournois
Déchiré	Incompris	Stupide
Déçu	Inepte	Téméraire
Délaissé	Innocent	Tendre
Dépité	Inquiet	Tendu
Désolé	Insulté	Terrible
Détaché	Intelligent	Terrifié
Détendu	Intrigué	Terrorisé
Détestable	Isolé	Timide
Différent	Joyeux	Tolérant

Torturé	Très heureux	Veinard
Trahi	Trompé	Versatile
Tranquille	Valorisé	Vide

L'extériorisation des sentiments : l'apprentissage par l'exemple

Les enfants n'ont jamais été très doués pour suivre les conseils de leurs aînés, mais ils ont toujours très bien su les imiter.

JAMES BALDWIN

Bien que la colère, la tristesse, la peur ou le soulagement de leurs parents puissent bouleverser les enfants, il n'est pas nécessaire que ces émotions leur soient néfastes. Profitez de cette occasion pour leur apprendre par l'exemple à extérioriser correctement leurs émotions. S'ils vous voient pleurer, dites-leur ce que vous ressentez et ajoutez que cette émotion est normale. Par exemple : « Mon divorce me rend très triste ; c'est normal d'avoir de la peine quand on perd quelque chose ou quelqu'un d'important. » Ne rejetez pas le blâme sur votre ex-conjoint ou sur vos enfants. Les adultes et les enfants doivent prendre la responsabilité de leurs émotions. Par exemple, au lieu de dire : « Je n'aurais pas tant de soucis financiers si ton père payait sa pension alimentaire à temps ! », dites : « J'appréhende de ne pas pouvoir boucler mon budget. Voilà pourquoi j'ai repris mes études. Si j'obtiens mon diplôme de nursing, je pourrai trouver un travail qui m'aidera à faire vivre notre famille. » Quand vous blâmez les autres pour vos émotions, vous perdez le courage de les surmonter et vous enseignez à vos enfants à se comporter en victimes. En assumant ce qui vous bouleverse, vous enseignez à vos enfants à prendre la responsabilité de leurs émotions et à les surmonter pour leur plus grand bien. Faites comprendre à vos enfants qu'ils ne sont pas à l'origine de votre souffrance et qu'avec le temps vous vous sentirez mieux. Si vos enfants vous déçoivent, recourez au « je » (voir le chapitre 5) pour leur exprimer ce que vous ressentez et ce qui pourrait remédier à la situation. Par exemple : « Je suis déçu que tu aies frappé ta sœur. Si tu es fâché contre elle, j'aimerais que tu le lui dises au lieu de la frapper. »

N'expliquez pas vos émotions en détail à vos enfants : vous pourriez les bouleverser et les confondre. Dites-leur plutôt ce que vous comptez faire pour guérir : «Je pleure parce que j'ai de la peine. Je vais prendre un bain, me détendre, et ensuite je me sentirai beaucoup mieux» ou «Je suis très fâchée. Je vais aller faire une promenade. Ça me fera du bien.» Dans la section Notes personnelles, énumérez ce qui pourrait vous aider à surmonter votre souffrance. Aidez vos enfants à préparer une liste similaire pour eux-mêmes : que faire quand ils sont tristes, furieux ou terrifiés ? Vous leur apprendrez ainsi à assumer leurs émotions.

Puisque les enfants ne parviennent pas facilement à exprimer leurs émotions, la communication indirecte avec les parents peut les y encourager : raconter ou écrire des histoires, dessiner ou colorier, écrire des poèmes (les adolescentes en sont friandes). Ces méthodes les aident à prendre du recul. Offrez-leur la possibilité de s'exprimer dans un contexte moins menaçant et aidez-les à assumer leurs émotions en leur parlant d'autres enfants de leur âge qui ont dû affronter des situations et des bouleversements similaires.

Expliquez-leur comment ces enfants se sont adaptés au divorce de leurs parents. «J'ai remarqué que Luc, dont les parents sont divorcés, fait encore partie de ton équipe de basket-ball. Je parie qu'en jouant avec ses amis il se sent moins seul» ou «Je vois toujours ton amie Margot en train de lire. Ses parents sont divorcés, eux aussi. Je me demande si la lecture l'aide à se distraire du divorce de ses parents.»

Le développement de l'estime de soi

Pour favoriser le développement de l'estime de soi chez vos enfants, songez aux vertus suivantes : confiance, encouragement, accomplissement, satisfaction, effort et succès. Les techniques ci-dessous aideront au développement de leur estime de soi.

- Félicitez vos enfants pour leurs réussites (soyez précis). Dites «J'aime la façon dont tu as natté tes cheveux» au lieu de «Tu es jolie.» (Nous abordons la louange plus en détail au chapitre 10.)

- Faites comprendre à vos enfants que leurs idées et leurs émotions comptent pour vous. Ne dites pas «Tu ne devrais pas te sentir ainsi.»

• Établissez et imposez des règlements et des limites clairs. Soyez flexible lorsque cela est approprié et non pas quand vous vous sentez coupable ou agacé.

• Prêchez par l'exemple en étant fier de vos réussites, en prenant bien soin de vous-même, en sachant vous pardonner vos erreurs et en tirant des enseignements de celles-ci.

• Enseignez à vos enfants à prendre des décisions. Aidez-les à gérer leur temps et leur argent.

• Ayez des attentes réalistes. Tenez compte de l'âge de vos enfants et aidez-les à se fixer des buts. Demandez-leur quels sont leurs objectifs scolaires et soutenez-les dans leurs efforts.

• Faites comprendre à vos enfants qu'il est normal de ne pas ressembler aux autres. Aidez-les à être fiers de leur individualité.

• Inculquez-leur le sens des responsabilités. Ils se sentiront valorisés. Donnez-leur de plus en plus de responsabilités et de liberté à mesure qu'ils vieilliront. Ils sauront que vous avez confiance en eux.

• Montrez à vos enfants que vous les aimez en recherchant leur compagnie et en les étreignant dans vos bras.

• Montrez-leur que ce qu'ils font vous intéresse : participez à leurs activités parascolaires et à la remise des diplômes. Discutez avec eux de ce qui se passe dans leur vie.

• Lorsque vous les disciplinez, concentrez-vous sur leur conduite, non pas sur leur caractère. Sachez distinguer les actions de votre enfant de sa manière d'être.

• Faites part à vos enfants de vos valeurs personnelles et de vos croyances, ainsi que des expériences qui les ont forgées.

• Ayez confiance en eux. Encouragez-les par des mots qui leur témoignent cette confiance.

• Exhibez les réussites de vos enfants : armoire pour les trophées, babillard, porte du frigo, etc. Rassemblez leurs dessins, leurs devoirs et leurs récompenses diverses dans un album spécial.

• Aidez vos enfants à comprendre qu'une erreur n'est pas un échec mais une occasion d'apprendre.

> *Nous ne battons pas en retraite – nous avançons dans une autre direction.*
> DOUGLAS MACARTHUR

• Quand vos enfants vous montrent leurs devoirs, arrêtez-vous à ce qu'ils ont réussi. Demandez-leur comment ils ont trouvé la bonne réponse.

• Aidez-les à développer de nouvelles aptitudes en fragmentant chacune de leurs tâches en plusieurs étapes. En ma qualité d'entraîneur de basket, je ne m'efforce pas d'apprendre aux enfants à jouer au basket. Je leur enseigne à dribbler, à passer le ballon et à lancer.

• Encouragez vos enfants à visualiser leur réussite.

• Encouragez vos enfants à aider les autres : tondre la pelouse du voisin, rendre visite aux personnes âgées ou préparer un panier de Noël. Ils se sentiront nécessaires et valorisés.

• Lorsque vous parlez entre adultes, complimentez vos enfants quand ceux-ci sont à portée d'écoute.

• Notez la bonne conduite de vos enfants et associez une vertu à cette conduite. Par exemple, « Il t'en a fallu du courage pour plonger d'aussi haut », ou « Tu as fait preuve d'une grande compassion lorsque tu as pris ton frère dans tes bras pour le consoler quand la balle l'a frappé. »

• Dès que votre enfant se sera très bien conduit, accueillez son exploit comme suit :

Excellent travail !

Tu mérites un câlin !

Merci d'avoir fait preuve
d'honnêteté !

Tu me réjouis !

Tu es mon champion !

Formidable !

Il n'y en a pas deux comme
toi !

Fabuleux !

Extra !

Super !

Tu es très spécial !

Quelle bonne idée !

Tu m'as beaucoup aidé !

Oui, tu peux le faire !

Merveilleux !

Tu es un as !

Bravo !

Tu es un ange !

Dans la section Notes personnelles, notez trois bonnes actions que chacun de vos enfants a accomplies au cours de la semaine précédente. Parlez-leur-en afin qu'ils sachent que vous êtes au courant.

Si la façon dont votre enfant extériorise ses émotions vous préoccupe, ou s'il semble très mal s'adapter au divorce, n'hésitez pas à consulter un thérapeute. Nous vous indiquerons comment déterminer si une thérapie est nécessaire et la manière de trouver un thérapeute compétent au chapitre 13.

7

Les réactions au divorce selon le groupe d'âge

POINTS SAILLANTS

- Les enfants d'un même groupe d'âge réagissent de façon semblable au divorce.
- Quel que soit leur âge, les enfants font l'expérience d'un vaste éventail de pensées et d'émotions parfois indépendantes de l'âge.
- Assurez-vous autant que possible de procurer au nourrisson un environnement stable.
- Les jeunes enfants ont besoin d'un contact fréquent avec leurs parents.
- Il faut aider les enfants d'âge préscolaire à exprimer leurs sentiments et leur faire comprendre qu'ils ne sont pour rien dans votre divorce.
- Assurez les enfants d'âge scolaire que vous continuerez à vous occuper d'eux.
- Évitez d'inciter les enfants de neuf à douze ans à prendre parti et ne leur confiez pas plus de responsabilités qu'ils ne sont en mesure d'en assumer.
- Parlez avec les adolescents et les jeunes adultes des conséquences de votre divorce sur leur vie.

Les conséquences d'un divorce sur les enfants dépendent de leur âge, de leur sexe, de leurs relations avec leurs parents, de leurs souvenirs familiaux et de l'attitude des parents envers eux au moment du divorce.

Nous proposons ci-après un survol *général* des besoins et des problèmes les plus courants des enfants du divorce, selon leur groupe d'âge. Toutefois, les parents doivent maintenir une certaine flexibilité et ne pas perdre de vue que les enfants, quel que soit leur âge, font l'expérience de pensées et de sentiments qui ne sont pas toujours associés à l'âge. En outre, puisque les enfants se développent à un rythme différent et que ce développement accuse un certain recul au moment d'un divorce, il se pourrait que leur comportement corresponde à celui d'un enfant plus jeune ou plus âgé. Lisez attentivement toutes les descriptions ci-après, mais portez aussi une attention spéciale aux réactions d'enfants dont l'âge précède ou suit immédiatement celui du vôtre. Vous y trouverez des exemples de comportements qui pourront vous aider à épauler vos enfants pendant cette période de crise.

De la naissance à un an : l'âge de la confiance

Qui sont-ils ?

La première année de vie voit s'établir les fondements de la confiance. Pour que bébé développe sa confiance en autrui et apprenne à nouer des relations affectives, les soins constants et un entourage familier lui sont indispensables. Il a besoin de voir toujours les mêmes visages au réveil et d'entendre les mêmes voix lui chanter des berceuses à l'heure du coucher. Les nourrissons ignorent tout de la notion de « permanence ». Lorsqu'une personne ou un objet disparaît de leur champ de vision, il disparaît à tout jamais. Lorsque vous quittez la chambre du bébé, à ses yeux, c'est pour toujours. Voilà pourquoi bébé aime tant jouer à « Coucou ! » Vous disparaissez pour reparaître aussitôt. Lorsque vous venez vers bébé chaque fois qu'il pleure, vous lui faites comprendre que vous reviendrez toujours quand il aura besoin de vous et que votre disparition n'est pas permanente. Ainsi, le bébé développe un sentiment de confiance et de sécurité.

Comment réagissent-ils au divorce ?

« Les premiers huit mois, Jeannine était un bébé très accommodant. Elle ne pleurait que lorsqu'elle avait faim ou sommeil. Elle faisait ses nuits complètes et dormait deux heures chaque après-midi. Mais quand Robert et moi nous sommes séparés, Jeannine a radicalement changé. Elle était toujours maussade et refusait de faire la sieste. Quand je la conduisais chez son père pour le week-end, elle hurlait. Quand je revenais la chercher, elle s'agrippait à moi comme un singe et, les jours suivants, elle pleurait chaque fois que je quittais la pièce. J'ai même cru un moment que Robert la maltraitait, tant elle semblait bouleversée. Mais s'il avait été un mauvais mari, il avait toujours été un bon père. J'imagine que mon retour sur le marché du travail et mon état psychologique chaotique contribuaient au comportement de ma fille. Elle a mis quelques mois à s'habituer à sa nouvelle routine et à se calmer. Manifestement, nous avons tous eu besoin d'une période d'adaptation. » (Marguerite, un enfant) Les bébés et les jeunes enfants souffrent quand ils sont séparés de leur père ou de leur mère. Les modifications au calendrier de parentage, les horaires de travail, l'état psychologique des parents pendant les procédures de divorce leur retirent tout sentiment de sécurité. Les bébés réagissent à de tels changements en pleurant, en s'accrochant et en devenant irritables.

De quoi ont-ils besoin?

Assurez-vous autant que possible de procurer au bébé un environnement stable. Par exemple, bébé ne devrait pas changer de garderie lorsqu'il change de domicile. Efforcez-vous de le nourrir et de le coucher à la même heure partout et adoptez la même marque de nourriture et de mélange lacté. Témoignez-lui beaucoup d'affection en paroles et en gestes. Bercez-le souvent, prenez-le dans vos bras et chantez pour lui le plus possible. Les bébés ont besoin de contacts fréquents avec leurs deux parents et d'un environnement qui leur est familier. Quand vous le bercez ou le mettez au lit, enveloppez-le dans la même couverture. Chantez-lui les mêmes berceuses. Discutez avec votre ex-conjoint des moyens à prendre pour éviter de désorienter votre bébé. Décidez ensemble qui le conduira chez le pédiatre pour ses examens et ses vaccins. Partagez tous deux la joie de ses premiers pas et de ses premiers mots.

Il est très facile de trop stimuler un nouveau-né, surtout lorsqu'il naît avant terme. Évitez de crier ou de vous quereller en sa présence. Lorsqu'il se rend d'un domicile à l'autre, adoptez une voix neutre et apaisante. Efforcez-vous d'éviter le stress et détendez-vous le plus possible (voir les chapitres 11 et 12 pour des méthodes de relaxation et des techniques qui vous aideront à assumer vos émotions). Dans la section Notes personnelles, énumérez ce que vous pouvez faire pour aider votre bébé à s'adapter à la situation.

D'un à trois ans : ils sont le centre du monde

Qui sont-ils?

Les jeunes enfants sont très égocentriques. Ils connaissent le mot « non » et le répètent souvent pour bien montrer qu'ils sont conscients de leur séparation d'avec vous. Leur coordination est meilleure ; ils marchent mieux et plus vite, mais ils sont portés à se frapper partout. Ils sont encore très dépendants des adultes et le fait d'être séparés d'eux peut être extrêmement traumatisant. Au parc, l'enfant s'éloigne de sa mère pour poursuivre un chiot, puis s'arrête brusquement, cherche sa mère, la panique se lit sur son visage, puis, dès qu'il l'aperçoit, il court se jeter dans ses bras. Les jeunes enfants commencent aussi à comprendre qu'ils doivent observer certaines limites. Une couverture préférée, une poupée ou un animal en peluche leur procurent un réconfort.

Comment réagissent-ils au divorce?

Les jeunes enfants tolèrent mal le changement. Ils appréhendent la séparation et souffrent de la transition d'un domicile à l'autre. Ils veulent vous garder toujours à portée d'yeux et s'accrochent désespérément à vous quand vous les quittez. Ils pourraient aussi s'endormir avec difficulté ou s'éveiller pendant la nuit.

De quoi ont-ils besoin?

Ne vous sentez pas visé si votre jeune enfant fait une crise de colère ou une crise de larmes lorsqu'il doit quitter votre ex-conjoint. La nostalgie de l'autre parent ne signifie nullement qu'il ne vous aime pas ou qu'il n'a pas besoin de vous. Les bébés et les jeunes enfants n'ont pas une bonne notion du temps. Une séparation d'une semaine peut les terrifier parce qu'elle leur paraît éternelle. De fréquents contacts avec les deux parents contribueront à apaiser leur peur de la séparation. Donnez-leur le temps de s'adapter à votre calendrier de parentage. Dites-leur que vous les aimez et que vous prendrez soin d'eux. Assurez-les que vous comprenez la nostalgie qu'ils ressentent et dites-leur, à l'aide du calendrier, quand ils rendront visite à leur autre parent ou lui parleront.

Quand vous les quittez, apaisez leur sentiment d'abandon en leur procurant des preuves d'affection qu'ils peuvent « emporter » avec eux: « Tiens, voici un gros câlin et un gros baiser de plus que tu pourras donner à papa/maman. »

Procurez-leur un environnement bien structuré et fixez certaines limites. Faites en sorte que la routine de l'heure du coucher ne varie pas d'un domicile à l'autre, notamment en leur lisant la même histoire, en les bordant dans la même couverture, en leur donnant le même jouet. Dans la section Notes personnelles, énumérez ce que vous pouvez faire pour aider votre jeune enfant à s'adapter à la situation.

De trois à cinq ans : l'âge de la curiosité

Qui sont-ils ?

> *Quatre ans, c'est la saleté,*
> *les ongles, les bouts de ficelle ;*
> *quatre ans, voici Monsieur Bricole*
> *et tous ses outils sont à moi.*
> *Quatre ans fonce partout*
> *(comme dans mon cœur), sans frapper.*
> *Quatre ans aura cinq ans le douze juillet*
> *et moi, je rêve d'arrêter le temps.*
>
> Elise Gibbs

Les enfants d'âge préscolaire veulent essayer de tout faire. Ils observent les adultes et posent des tas de questions, car ils s'efforcent de comprendre leur univers. L'approbation des parents leur est indispensable. (« Est-ce que c'était bien, papa ? » « Regarde, maman ! ») Les enfants d'âge préscolaire sont d'une grande générosité. Ils ne cachent pas leurs sentiments et confondent souvent leurs parents en disant tout ce qui leur vient à l'esprit : « Regarde, maman, le monsieur là-bas, il n'a pas de cheveux ! »

Comment réagissent-ils au divorce ?

Trois types de problèmes semblent affecter les enfants d'âge préscolaire dont les parents divorcent : la douleur due à l'éloignement du père ou de la mère, la confusion quant aux causes du divorce, le stress qu'entraînent les bouleversements à la vie familiale. Voici quelques réactions propres à ce groupe d'âge :

• peur de l'abandon ;

• culpabilité, colère, frustration, peur, tristesse, confusion ;

• sentiment d'insécurité ; impression qu'on ne les aime plus ;

• négation du divorce ; certitude feinte du retour de l'autre parent ;

• sentiment d'être la cause du divorce des parents ;

- certitude que leur méchanceté ou leur inconduite a provoqué la rupture des parents;

- fantasmes de réconciliation;

- tentatives futiles pour réconcilier les parents;

- servilité;

- certitude de ne pas être assez sage ou d'être méchant;

- difficultés d'adaptation;

- régression vers l'enfance (sucer son pouce, incontinence);

- agressivité physique envers les camarades ou les frères et sœurs plus jeunes.

Certains jeunes enfants trouvent un apaisement à leur anxiété dans la masturbation. D'autres deviennent colériques ou connaissent des problèmes de sommeil. Puisque les jeunes enfants ne saisissent pas très bien la notion de permanence, ils pourraient vous demander sans arrêt si papa/maman reviendra aujourd'hui, même après que vous leur aurez expliqué clairement qu'il/elle ne vit plus dans la même maison que vous.

De quoi ont-ils besoin ?

Certains parents évitent d'annoncer par avance leur divorce aux jeunes enfants afin de leur éviter des souffrances inutiles. Toutefois, un tel silence contribue parfois à aggraver la situation. Même les très jeunes enfants devinent que quelque chose ne tourne pas rond et s'inquiètent de ce qui est en train d'arriver à leur famille. Pour les apaiser, donnez-leur l'occasion de parler de votre divorce et de vous interroger. Laissez-les exprimer ce qui les préoccupe et extérioriser leur colère, leur tristesse, leur peur ou leur soulagement. Ne leur dites pas «Tu es ridicule» ou «Tu n'as pas raison d'éprouver cela». Si vos enfants ne cessent de vous demander si papa ou maman reviendra bientôt, répétez-leur calmement que votre divorce est définitif et que papa ou maman habite ailleurs. Dites-leur quand ils pourront revoir votre ex-conjoint.

« Lorsque Caroline jouait avec sa maison de poupées, les poupées papa et maman se querellaient toujours et se donnaient l'une l'autre des coups sur la tête. Au début, je ne comprenais pas d'où venait cette hostilité, car il n'y avait jamais eu de violence entre son père et moi. Quand je l'ai interrogée, elle m'a répondu que la maman était fâchée avec le papa parce qu'il avait ramené les enfants en retard sur l'heure convenue. J'ai deviné qu'elle nous avait entendus nous disputer sur cet aspect du parentage. Je l'avais crue trop jeune pour savoir ce qui se passait, mais elle avait perçu la tension qui existait entre son père et moi. » (Sonia, mère d'une fillette de quatre ans)

Les jeunes enfants extériorisent leurs émotions par des moyens détournés. Leur vocabulaire étant encore assez limité, ils sont peu portés à relater ce qu'ils ressentent. Ils ont besoin que vous les aidiez à s'exprimer d'une manière convenable pour leur âge. La communication indirecte telle que la lecture d'histoires qui mettent en scène des enfants du divorce représente une aide précieuse dans ces circonstances. Les librairies regorgent d'albums dont les personnages sont des enfants ou des animaux dont les parents se séparent. (Les lecteurs trouveront en fin de volume une liste d'albums appropriés.) Si vos enfants semblent bouleversés par la situation, encouragez-les à dessiner ou à colorier des images qui illustrent les émotions qu'ils vivent et ce qui se passe dans leur vie. Donnez-leur des poupées, des marionnettes ou de la plasticine pour les aider à s'extérioriser.

Observez-les, écoutez-les pendant qu'ils s'amusent seuls afin de déceler dans leurs jeux ou leurs monologues des indications quant à leur adaptation à votre divorce.

Enrichissez le vocabulaire « émotionnel » de votre enfant d'âge préscolaire. Asseyez-vous par terre avec lui ; frappez sur un tambour ou pétrissez une balle de plasticine en disant : « Je suis fâché. » Prenez un visage triste et dites : « J'ai de la peine. » Montrez-lui, dans un magazine, la photo d'une personne qui a peur et dites : « Ce petit garçon a l'air terrifié. Je me demande ce qui lui fait peur. » Profitez des expériences du quotidien pour identifier les différentes émotions humaines. Dans la queue, à la caisse de l'épicerie, si une autre petite fille fait une crise de colère, dites à votre enfant : « Cette petite fille semble très fâchée. » En regardant ensemble une émission pour enfants, si l'un des personnages rit aux éclats, dites : « Il a l'air heureux. Qu'est-ce qui le rend si heureux, selon toi ? »

Il faut faire comprendre aux jeunes enfants qu'ils ne sont pour rien dans votre séparation et qu'ils ne peuvent pas résoudre votre problème. Répétez-leur que vous les aimez, témoignez-leur beaucoup d'affection et dites-leur que vous continuerez de vous occuper d'eux. S'ils rêvent d'une réconciliation, faites-leur comprendre qu'il est parfaitement normal de la souhaiter, mais que vous ne croyez pas que ce soit possible. «Je sais que tu aimerais que maman revienne vivre avec nous, mais nos souhaits ne se réalisent pas toujours. Maman vit dans une nouvelle maison. Nous t'aimons beaucoup tous les deux. Tu verras maman demain. »

Vous pouvez aussi préparer votre enfant d'âge préscolaire à ses déplacements d'un domicile à l'autre en jouant à un jeu qui illustre ces allées et venues. Placez une chaise à chaque extrémité de la pièce. L'une représente la maison de maman, et l'autre la maison de papa. Donnez à l'enfant une petite valise, un oreiller ou un jouet qu'il doit transporter d'une chaise à l'autre. Quand il arrive à votre chaise, dites-lui bonjour. Quand il se rend vers l'autre chaise, dites-lui au revoir. Placez maintenant la chaise de la maison de papa dans la pièce voisine pour lui montrer qu'il ne peut pas voir la maison de papa quand il est chez maman, et vice-versa. Ou encore, demandez-lui de s'asseoir sur la chaise de la maison de papa dans l'autre pièce et d'attendre que vous veniez le chercher, puis allez le chercher et ramenez-le à votre chaise. Il comprendra que vous irez toujours le chercher quand il vivra chez papa. Dans la section Notes personnelles, énumérez ce que vous pouvez faire pour aider votre enfant d'âge préscolaire à s'adapter à la situation.

De six à huit ans : l'âge de la perte des dents de lait

Qui sont-ils ?

Entre six et huit ans, les enfants développent une plus grande indépendance. Ils se font des amis et veulent choisir les vêtements qu'ils porteront pendant la journée. Ils sont très satisfaits d'avoir six, sept ou huit ans. Ils ne veulent pas qu'on les traite comme des bébés et la liberté de l'adolescence ne les intéresse pas encore. Ils jouent le plus souvent avec d'autres enfants du même sexe. Ils adorent raconter des plaisanteries à leurs parents, mais ils s'y fourvoient souvent. Ils veulent beaucoup de câlins, mais ils n'aiment pas du tout qu'on les embrasse en présence d'autres enfants (ceci vaut surtout pour les garçons).

Comment réagissent-ils au divorce?

Les parents de Joséphine, neuf ans, divorcent. Leurs confrontations devant le juge sont très hostiles et n'en finissent plus. Lorsque j'ai demandé à Joséphine de créer un collage pour illustrer sa vie familiale, elle a choisi dans un magazine la photo d'une fillette dont elle a soigneusement coupé les deux bras. Elle a ensuite collé chacun des bras sur les deux côtés de la feuille, et le corps au milieu. Pour décrire son collage, elle a dit: «Je me sens coupée en deux. Ma maman me demande toujours de dire à papa d'envoyer le chèque de pension. Quand j'ai demandé à papa de m'acheter des vêtements neufs pour l'école, il m'a dit de dire à maman d'arrêter de dépenser cet argent pour elle et de m'acheter les vêtements dont j'avais besoin. J'en ai assez. J'aimerais qu'ils me laissent tranquille. On dirait que ce que je ressens les laisse indifférents.»

Les enfants de ce groupe d'âge se sentent parfois aussi responsables du divorce de leurs parents que les enfants plus jeunes. Ils appréhendent de manquer de nourriture ou de jouets, ils ont peur qu'on les néglige. Ils se sentent souvent abandonnés. Ils éprouvent parfois un sentiment de rejet, de perte ou de culpabilité, et ils sont tiraillés dans leur loyauté. Ils appréhendent de perdre pour toujours le parent qui a quitté la maison familiale. Ils ont peur qu'on les remplace: «Est-ce que papa aura une autre petite fille?» Les fillettes craignent que leur père disparaisse pour ne revenir que lorsqu'elles seront devenues adultes. Elles sont maussades, elles pleurent, elles ressentent un vide intérieur et éprouvent des difficultés de concentration à l'école. Les garçons de cet âge aiment les histoires de combat et de superhéros. Le divorce peut représenter pour eux une guerre où ils doivent prendre parti, comme leurs héros de bandes dessinées. Les enfants de cet âge s'ennuient du parent qui n'est pas là et s'efforcent souvent de réconcilier leurs père et mère, quitte à manigancer entre eux des rendez-vous ou même à forger des lettres d'amour de l'un à l'autre. (Souvenez-vous du film *L'Attrape-parents*...)

Les enfants de six à huit ans ne parlent pas de leur anxiété. Leur stress prend le plus souvent la forme de tics nerveux: ils se curent le nez, jouent avec leurs cheveux, grimacent, bégaient, se rongent les ongles, mangent le bois de leurs crayons. Ils se referment sur eux-mêmes, pleurent, font des colères, deviennent violents ou serviles.

Si vous ne leur expliquez pas les motifs de votre divorce, ils en inventeront. Puisqu'ils ne comprennent pas encore que chaque médaille a son revers, ils seront portés à rejeter tout le blâme sur l'un de vous deux, en particulier sur celui des parents qui recommence sa vie tôt après le divorce.

De quoi ont-ils besoin ?

Les enfants qui commencent l'école n'ont pas encore développé leur aptitude au raisonnement. Ils ne comprendront pas forcément vos explications calmes et rationnelles. La communication indirecte (chapitre 6) favorisera leur compréhension. Tout comme les enfants d'âge préscolaire, ils ont besoin qu'on les aide à identifier et à extérioriser verbalement leurs sentiments. Recourez aux techniques que nous préconisons pour les enfants d'âge préscolaire afin de leur apprendre le vocabulaire des émotions. Au moyen de l'affiche des émotions décrite au chapitre 6, demandez-leur chaque jour de vous décrire ce qu'ils ressentent.

Feuilletez des magazines avec eux. Montrez-leur des photos de personnes tristes, en colère, apeurées ou heureuses et décrivez les émotions que ces expressions vous inspirent. Dites : «Je me demande...» pour encourager vos enfants à justifier l'expression de son visage. Par exemple : «Ce petit garçon a l'air bien triste. Je me demande pourquoi...» Puis, taisez-vous et attendez la réaction de votre enfant. Pour chaque photo, demandez-lui ce que, d'après lui, cette personne ressent.

Les enfants de six à huit ans éprouvent un grand désir de plaire. Si vous les obligez à prendre parti ou à dénoncer l'un des parents, ou encore si vous leur confiez des secrets, vous les rendrez anxieux, car ils ne veulent déplaire à personne. Ils sont en mesure d'éprouver des sentiments de loyauté conflictuels. Il est très important que vous évitiez d'avoir envers votre ex-conjoint des propos négatifs.

Les jeunes enfants d'âge scolaire veulent savoir que vous continuerez à vous occuper d'eux et que vous subviendrez à tous leurs besoins. Ils doivent se sentir en sécurité et être certains que vous saurez ce qu'il convient de faire en cas d'incendie, si un voleur entre dans la maison ou si un monstre est caché sous leur lit. Les restrictions budgétaires ne doivent pas les affecter : dites-leur qu'ils auront toujours de quoi manger et un toit sur la tête. Ils ont aussi besoin de grandes marques d'affection. Serrez-les dans vos bras et caressez-les, mais en l'absence de leurs petits camarades. Dans la section Notes personnelles, énumérez ce que vous pouvez faire pour aider vos enfants d'âge scolaire à s'adapter à la situation.

De neuf à douze ans : l'âge des accomplissements

Qui sont-ils ?

La deuxième moitié de la préadolescence est marquée par l'acquisition des compétences et la confiance en soi. Les enfants de cet âge veulent réussir dans certains domaines ; ils se comparent souvent à leurs amis du même âge. La compétition sportive et les sports d'équipe les intéressent particulièrement.

La plupart des adultes ont conservé de leur préadolescence des souvenirs détaillés. Nous nous remémorons les amitiés et les circonstances qui nous ont appris les leçons de la vie : le sentiment de rejet et de honte qui nous a envahi lorsque nous avons été le dernier sélectionné dans l'équipe de base-ball ; les blagues, les poésies et les énigmes que nous avons apprises ; le goût de ce plat impossible à identifier à la cafétéria de l'école. À l'approche de la puberté, les enfants développent une vie sociale en dehors de la famille et l'opinion de leurs pairs acquiert une très grande importance à leurs yeux. Les enfants de cet âge sont portés à cacher leurs émotions ; ils détestent pleurer devant les autres. C'est aussi l'âge des premières grandes amitiés. La loyauté leur est indispensable. Ces enfants comprennent mieux la vie et la différence entre le bien et le mal. Leur empathie se développe.

Comment réagissent-ils au divorce ?

« Je voudrais que mes parents cessent de se quereller. Je veux qu'on ait une vraie famille. Je veux faire les choses à ma façon et qu'on cesse de me dire quoi faire. Je veux que ma belle-mère se confie à moi si elle a des ennuis. Je veux que mes parents se parlent sans se chicaner. Je veux avoir plein de trucs. Mais je ne peux pas avoir tout ce que je désire, parce que je ne suis pas le centre du monde ! » (Katia, douze ans)

Les enfants de neuf à douze ans tolèrent parfois très difficilement le divorce et le remariage de leurs parents. Ils comprennent mieux les relations familiales et sont plus sensibles aux conflits. Un divorce peut rendre ces enfants furieux et honteux, et les pousser à appréhender l'avenir. Leur anxiété s'exprime sous forme de troubles du comportement ou de difficultés scolaires. Le divorce les obsède parfois; ils éprouvent des problèmes de concentration. Il peut aussi arriver qu'ils deviennent agressifs envers les autres enfants ou qu'ils se retirent dans la solitude. Certains font des cauchemars. Ils sont maussades sans savoir pourquoi. Ils se fâchent, ils souffrent, ils se sentent anxieux et impuissants. Leurs sentiments de solitude, de deuil et de privation entraînent parfois de la dépression ou d'autres problèmes psychologiques. Dans le film *La Blonde de mon père*, le garçonnet, parlant de sa belle-mère, dit à sa maman: «Je la détesterai, si c'est ce que tu veux que je fasse.» Les préadolescents n'ont guère le sens des nuances: ils sont vulnérables aux tentatives de leurs parents de les obliger à prendre parti.

Les enfants de cet âge s'inquiètent pour leurs parents. Certains préadolescents jouent le rôle de conjoint substitut et adoptent un comportement qui n'est pas de leur âge. Ils sont davantage conscients des humeurs des parents et se demandent comment ceux-ci parviendront à se tirer d'affaire.

De quoi ont-ils besoin?

De neuf à douze ans, les enfants doivent souvent avoir l'occasion de s'exprimer. Encouragez-les à le faire, à identifier et à comprendre leurs émotions. Il peut être utile de parler à un enfant d'un petit camarade dont les parents sont également divorcés. Par exemple: «Je me demande ce qui réconforte Cassandre quand elle s'ennuie de son père.» Félicitez vos enfants quand ils parviennent à extérioriser leur colère d'une manière appropriée.

Puisque la loyauté est une vertu qui compte beaucoup pour eux, évitez de les obliger à prendre parti. Parlez positivement de votre ex-conjoint et permettez à vos enfants de développer avec lui des liens affectueux. Ne vous querellez pas en présence des enfants. Donnez à ceux-ci l'occasion d'emmagasiner de beaux souvenirs.

Dites à vos enfants que tout va bien. S'ils vous voient pleurer, dites-leur que pleurer vous fait du bien et que, quand vous aurez séché vos larmes, vous ferez le nécessaire pour vous sentir en pleine forme. Maintenant que vous voilà mère ou père monoparental(e), vous devrez sans doute laisser vos enfants seuls à la maison plus souvent ou accroître leur participation aux tâches ménagères. Ne leur confiez pas trop tôt une lourde charge de responsabilités, mais faites-le graduellement. Aidez-les à poursuivre leurs activités habituelles. Ne les incitez pas à oublier que vous êtes divorcé, mais encouragez-les à continuer de fréquenter leurs amis et à avoir une vie scolaire et sociale normale. Permettez-leur d'être des enfants ; ne les faites pas grandir trop vite. Dans la section Notes personnelles, énumérez ce que vous pouvez faire pour aider vos préadolescents à s'adapter à la situation.

De treize à dix-huit ans : les hormones en folie

Qui sont-ils ?

> *Les jeunes font toujours face au même problème : comment parvenir à se révolter et, en même temps, à se conformer. Ils résolvent ce problème en défiant leurs parents et en se copiant les uns les autres.*
>
> QUENTIN CRISP

> *Ah ! si au moins j'étais presque aussi merveilleuse que m'imaginait mon fils quand il était petit, et juste un peu moins stupide qu'il m'imagine maintenant qu'il est adolescent !*
>
> REBECCA RICHARDS

L'adolescence est une période de bouleversements physiques, émotionnels et sociaux. Les adolescents sont souvent gauches, idéalistes, d'humeur changeante, rebelles et angoissés. Ils développent leur identité et exercent leur liberté de choix. Lorsque j'étais adolescente, un adulte m'a dit : « Tu vis les plus belles années de ta vie. » J'ai songé : « Oh ! non. Si les choses empirent, je ne le supporterai pas. » Les adolescents commencent à voir clair dans les comportements et les attitudes qui distinguent les hommes des femmes. Les adultes ont l'impression que les adolescents passent leur vie au téléphone. Leurs amis sont beaucoup plus intéressants que leur famille, pourtant, ils ont encore besoin d'être guidés par leurs parents. L'adolescence est l'âge de la révolte, mais la stabilité familiale est le filet de sécurité qui permet aux adolescents de vivre de nouvelles expériences.

Comment réagissent-ils au divorce ?

« Personne ne peut savoir à quel point ces dernières années ont été difficiles pour moi. » (Jeannine, dix-sept ans) Le divorce des parents, souvent très douloureux et traumatisant pour les adolescents, nuit au développement de leurs relations affectives. Les adolescents pourraient appréhender toute forme d'engagement affectif, croire qu'ils ne parviendront pas à trouver l'amour et que leur propre mariage sera un échec. Ils appréhendent de répéter les erreurs de leurs parents. Ils sont en deuil de leur famille et de leur enfance. Ils se sentent rejetés par leurs parents si ceux-ci sont trop pris par leurs émotions pour les secourir. Ils réagissent à ce sentiment d'abandon en délaissant leur famille et en recherchant le soutien de leurs amis. Lors d'un divorce, les adolescents héritent souvent de responsabilités accrues ; on s'attend de leur part à une maturité qui n'est pas de leur âge. Si ces attentes affectent leur vie sociale, ils en éprouvent du ressentiment. Les adolescents s'inquiètent aussi de la sécurité financière et du bien-être psychologique de leurs parents. Ils éprouvent des sentiments de perte et de colère. Ils ont de la difficulté à se concentrer sur leurs études, se plaignent de malaises divers ou souffrent de fatigue chronique. Leur estime de soi étant atteinte, ils se dissocient encore plus de leur famille. Le divorce de parents d'adolescents contribue à affaiblir le filet de sécurité familiale indispensable à ces derniers, les rendant vulnérables à la dépression.

Lorsque les adolescents ne parviennent pas à parler du divorce, à le comprendre ou à l'accepter, leurs actes leur tiennent lieu de soupape. Ils pourraient alors dangereusement se rebeller : délinquance, décrochage scolaire, association avec des jeunes au comportement répréhensible, abus de l'alcool ou des drogues, tentatives de fuite ou de suicide. Les adolescents pourraient aussi refouler leurs émotions parce qu'ils appréhendent la réaction de leurs parents. Lors du divorce de ses parents, Lucille était âgée de dix-sept ans. Son adaptation apparemment rapide avait alors beaucoup impressionné son père et sa mère. Elle avait poursuivi ses activités scolaires et sociales et ne s'était jamais plainte de devoir s'occuper de ses frères et sœurs quand sa mère était au travail. Deux ans plus tard, quand son petit ami mit fin à leur relation, elle s'effondra. Elle n'allait plus en classe et se nourrissait à peine. Inquiète, la colocataire de Lucille contacta la mère de la jeune fille. La rupture avec son ami avait déclenché chez Lucille un sentiment d'abandon jusque-là refoulé. Judith

Wallerstein, qui s'est beaucoup penchée sur les effets du divorce sur les enfants, a qualifié d'«effet latent» cette réaction tardive au divorce.

De quoi ont-ils besoin ?

Les adolescents requièrent une structure familiale; ils ont besoin de se sentir guidés et protégés. Ils doivent pouvoir extérioriser leurs émotions et bénéficier de l'appui de leurs parents. Donnez-leur l'occasion de parler de ce qu'ils ressentent, de ce qui les inquiète et de ce qui ne va pas. Les conseils de famille et le dialogue avec chacun des parents tour à tour est très important. Les jeunes apprendront à comprendre ce qui les anime en écrivant des poèmes, en tenant un journal intime ou en rédigeant des lettres qu'ils peuvent ou non faire lire à leurs parents, jeter ou conserver. La pratique du dessin peut également les aider à assumer leurs émotions et à exprimer le fond de leur pensée.

Soyez franc avec vos adolescents sans aller jusqu'à leur fournir les détails de votre relation conjugale. La loyauté compte beaucoup à cet âge: évitez de les pousser à prendre parti. Un adolescent qui se range du côté du parent du même sexe pourrait développer de l'animosité envers le sexe opposé. Un adolescent qui se range du côté du parent du sexe opposé pourrait connaître des problèmes d'identité et de fierté masculine ou féminine.

Les adolescents sont en mesure de comprendre que chaque médaille a son revers. Ne comptez par sur eux pour vous procurer un soutien affectif. Permettez-leur de poursuivre leur vie sociale. Encouragez-les à inviter leurs amis chez vous et chez votre ex-conjoint et sachez vous montrer flexible dans l'organisation du calendrier de parentage, de façon à ne pas nuire à leurs études, à leurs loisirs, à leurs activités sportives et à leur vie sociale. Si votre adolescent veut s'adonner à une activité parascolaire ou sociale chez votre ex-conjoint, dites-lui qu'il doit d'abord en discuter avec son autre parent. Je dis toujours aux adolescents plus âgés que, s'ils désirent modifier le calendrier de parentage, ils doivent en parler avec leurs parents et prévoir un transport de rechange. Il importe cependant de garder en mémoire que la décision finale revient aux parents. Lorsque vos adolescents semblent avoir de la difficulté à se faire de nouveaux amis, inscrivez-les à des activités supervisées par un adulte: sport d'équipe, classes d'informatique ou de dessin.

Les préadolescents et les adolescents tolèrent souvent difficilement que leurs parents cherchent à refaire leur vie. Leur sexualité se développe. Il peut être très troublant pour eux d'admettre que vous puissiez avoir une vie sexuelle. Cela peut même contribuer à stimuler leur propre sexualité. À compter de l'âge de onze ans, les enfants tolèrent mal de voir leurs parents témoigner de l'affection à des personnes du sexe opposé. Donnez-leur le temps de s'adapter à vos nouvelles rencontres et de connaître la personne que vous fréquentez avant de témoigner à cette dernière des marques d'affection en leur présence. Commencez par lui tenir la main, puis, peu à peu, permettez-vous de l'étreindre ou de l'embrasser devant vos enfants. Demandez-leur ce qu'ils en pensent.

Les adolescents ont besoin de ne pas se sentir à l'écart, d'être acceptés par leurs pairs. Déjà, ils sont différents. Le divorce accentue leur isolement. Parfois, des conseillers scolaires, des voisins ou des amis bien intentionnés accordent à ces adolescents une attention toute spéciale. Certes, le soutien et l'attention des adultes leur sont bénéfiques, mais il faut accepter le fait que les adolescents pourraient les rejeter pour mieux s'intégrer à leur groupe d'amis qui ne bénéficient pas d'une attention aussi particulière.

Maintenez des règles de discipline claires et raisonnables. Ne cédez pas au chantage : « Si tu m'interdis de faire ça, je vais aller vivre chez papa/maman. » Ne les laissez pas fuir les punitions, leurs tâches domestiques ou leurs responsabilités en se réfugiant chez leur autre parent. Dans la section Notes personnelles, énumérez ce que vous pouvez faire pour aider vos adolescents à s'adapter à la situation.

Les enfants adultes : qu'est-ce que je veux faire ?

Qui sont-ils ?

Le jeune âge adulte, que d'aucuns appellent « l'adolescence secondaire », est l'âge des choix. Les jeunes adultes prennent des décisions qui concernent leurs études, leur carrière, leur religion, leur mariage, leurs amis et leur orientation politique. Ils commencent à traiter leurs parents comme de vraies personnes et reconnaissent enfin que ceux-ci ne sont pas totalement ignorants.

Comment réagissent-ils au divorce ?

Le divorce affecte beaucoup les enfants adultes, même ceux qui vivent au loin ou qui ont déjà fondé une famille. Ils demandent : « Pourquoi maintenant ? » Il leur est difficile de comprendre pourquoi votre mariage ne peut pas continuer puisqu'il a duré si longtemps. Ces jeunes ont encore besoin du filet de sécurité que leur procurent leurs parents. « Ma mère s'est remariée tout de suite après ma remise des diplômes. J'ai eu l'impression qu'elle avait hâte que je parte pour l'université pour vendre la maison et aller vivre avec son nouveau mari. » (Marthe, vingt-quatre ans) Le fait de savoir qu'ils peuvent toujours retourner vivre chez leurs parents si les choses ne tournent pas rond aide les jeunes adultes à affronter les défis de la vie adulte. Le divorce les prive de ce sentiment de sécurité et peut affecter leur aptitude à prendre des risques.

Les jeunes adultes dont les parents divorcent pourraient éprouver des difficultés à nouer des relations affectives fondées sur la confiance. Ils pourraient éviter de s'engager à long terme parce qu'ils ont peur de souffrir. Le divorce ébranle leur sentiment de sécurité. « Lorsque mes parents ont divorcé après trente ans de mariage, j'ai compris que rien n'était jamais sûr. » (Joël, vingt ans) Les jeunes adultes appréhendent d'être trahis ou abandonnés et s'engagent plus facilement dans des relations de dépendance. Ils pourraient choisir une personne qui a besoin d'eux au point qu'ils n'oseront jamais la quitter. Cela est d'autant plus vrai s'ils croient que l'un des parents s'est vu imposer le divorce par son conjoint. Les jeunes femmes sont plus facilement attirées par des hommes d'âge mûr. De telles relations leur semblent plus stables, plus fiables et plus sécuritaires. Elles ont l'impression qu'on s'occupe d'elles. Les adolescents et les jeunes adultes dont l'estime de soi est atteinte pourraient mal choisir leurs partenaires. Ils se contentent de peu, croyant qu'ils n'ont que ce qu'ils méritent.

Les jeunes célibataires qui vivent loin de leur famille se demandent avec lequel de leurs parents ils passeront leurs vacances. Ces inquiétudes stimulent leur ressentiment. De jeunes mariés m'ont confié avoir déjà assez à faire pour répartir leur temps entre les familles de leurs beaux-parents sans devoir en plus rendre visite séparément à leur père et à leur mère. Pour les enfants adultes, les parents continuent d'être des modèles. Leur divorce pourrait, tout autant que chez les adolescents, remettre en question la stabilité de leur propre mariage. Quand ma sœur a divorcé après vingt-deux ans de vie commune, je me suis fait la réflexion suivante : « Si elle n'a pas réussi, comment y parviendrai-je ? » J'appréhendais que mon mari rentre un beau soir à la maison en disant : « Je ne suis pas heureux. J'ai trouvé quelqu'un d'autre. Je te quitte. »

De quoi ont-ils besoin ?

Parlez à vos enfants adultes en adultes et expliquez-leur que vous êtes tous les deux responsables de l'échec de votre couple. Dites-leur qu'un mariage demande des efforts et que, avec le temps, les gens changent. En leur expliquant pourquoi votre mariage s'est soldé par un échec, tenez compte de la nécessité pour eux d'avoir confiance et de vivre des relations positives. Pour les aider à développer une attitude de confiance et d'espoir dans la qualité de leur vie affective, dites-leur ce qui aurait pu mieux vous orienter au tout début de votre vie de couple. Discutez avec eux des trois qualités essentielles à un mariage heureux : la communication, le compromis et la résolution des conflits. Enseignez-leur comment vivre des relations heureuses en recherchant la compagnie de leur conjoint, en reconnaissant l'apport de leur conjoint à leur vie commune et en évitant de le tenir pour acquis. Encouragez les jeunes hommes à assumer et non pas à ignorer leurs réactions à votre divorce. Faites-les parler de leurs appréhensions et combattez leur négativisme (« Pourquoi serais-je un bon mari puisque mon père n'y est pas parvenu ? »).

Ces jeunes adultes ont besoin que vous les encouragiez à développer des relations affectueuses avec leurs deux parents et à ne pas se sentir ballottés entre vous deux. La loyauté compte autant pour eux que pour les adolescents. Leur personnalité n'est pas encore parfaitement développée. Évitez de vous plaindre de l'autre ou de casser du sucre sur son dos. Évitez à vos enfants adultes de prendre parti en blâmant votre conjoint en leur présence. Vous pourriez le regretter si vos enfants sentent le besoin de prendre la défense du conjoint attaqué et de se ranger dans son camp. Plutôt que d'assumer leur relation avec l'autre parent, ils pourraient vous en vouloir. Si, par ailleurs, votre ex-conjoint a évité toute relation avec vos enfants depuis votre divorce ou s'il ne les a pas vus avec régularité, ne poussez pas vos enfants à faire les premiers pas. La relation qu'ils développeront avec votre ex-conjoint doit demeurer libre de toute influence de votre part.

Même adultes, vos enfants ne sont pas là pour vous servir de soupape. Ne leur confiez pas vos problèmes conjugaux en détail. Si vous émettez des critiques envers votre ex-conjoint, vous les blesserez, même si ce ne sont plus des enfants. Vous risquez ainsi de porter atteinte à leur estime de soi, à leur relation avec leur autre parent et même à leur relation avec vous.

Planifiez vos vacances en famille. Si vos enfants ont eux-mêmes des enfants, dites-leur que vous serez tous deux des grands-parents pour vos petits-enfants. Vos petits-enfants ont besoin de l'amour sans condition de leurs grands-parents ; ils ont aussi besoin des souvenirs et de l'expérience de ces derniers. Assistez aux récitals de vos petits-enfants, à leurs activités scolaires, à leurs compétitions sportives. Plus que jamais vos enfants et vos petits-enfants ont besoin de vous. Dans la section Notes personnelles, énumérez ce que vous pouvez faire pour aider vos enfants adultes à s'adapter à la situation.

8

Quand vous êtes prêt à refaire votre vie

On se passe moins facilement d'amour que de pain.

MÈRE TERESA

POINTS SAILLANTS

- Prévoyez une période d'adaptation au divorce pour vous et pour vos enfants avant de songer à refaire votre vie.
- Jusqu'à ce que prenne forme une relation sérieuse, limitez vos fréquentations aux moments où vos enfants vivent avec l'autre parent.
- Permettez à vos enfants de vous dire ce qu'ils pensent de vos fréquentations.
- Ne mettez pas fin à vos activités familiales.

Au début des procédures de divorce, vous croirez sans doute ne plus jamais vouloir vous engager dans une nouvelle relation amoureuse, mais votre besoin d'amour se manifestera de nouveau avec le temps. Ne laissez pas vos appréhensions avoir le dessus. Accueillez plutôt les occasions qui se présentent de renouer avec votre vie sociale et de rechercher la compagnie d'un autre adulte. Vous connaîtrez de nouvelles joies et pourrez recommencer à vivre. Toutefois, vos enfants pourraient ne pas partager votre enthousiasme et éprouver des sentiments allant de la joie à la tristesse, de l'indifférence à la révolte. Vos fréquentations ébranleront leurs espoirs de voir survenir une réconciliation entre vous et votre ex-conjoint. Ils pourraient se sentir rejetés ou mal-aimés et inventer toutes sortes de subterfuges afin d'empêcher vos fréquentations. En retour, vous pourriez être envahi par la culpabilité et le ressentiment. Il vous est cependant possible de faire en sorte que vos enfants acceptent vos nouvelles fréquentations.

« La première fois que j'ai invité Lucie à faire la connaissance de mes enfants, ils l'ont pratiquement crucifiée. Ils se sont d'abord livrés à une véritable inquisition sur sa vie personnelle, puis ils ont énuméré toutes les vertus de leur mère que, selon eux, elle ne possédait pas. Lucie a heureusement bien pris la chose. Avec le temps, et grâce à beaucoup d'efforts et de patience de sa part, les enfants ont fini par accepter qu'elle fasse dorénavant partie de notre vie. » (Robert, maintenant marié à Lucie et très heureux dans son ménage)

Prévoyez une période d'adaptation au divorce pour vous et pour vos enfants avant de songer à refaire votre vie. Tant qu'une relation sérieuse n'a pas pris forme, les parents devraient faire preuve de discrétion. Au début d'une nouvelle relation, efforcez-vous de limiter vos rencontres aux moments où vos enfants vivent chez votre ex-conjoint, surtout si vos enfants vivent avec vous moins de quatre jours par semaine. Karine, mère de deux jeunes enfants qui passent un week-end sur deux en compagnie de leur père, voit les choses comme suit : «Je suis heureuse d'avoir recommencé à sortir. Mais je suis aussi contente d'avoir fréquenté Jacques uniquement lorsque mes enfants étaient chez leur père. Jacques était une personne très amusante. J'étais heureuse de découvrir que je pouvais encore me passionner pour quelqu'un. Dans les dernières années de mon mariage, je n'éprouvais plus rien et je me demandais si je serais encore capable de passion un jour. Mais j'ai vite découvert que Jacques buvait beaucoup, qu'il manquait de maturité et que je ne pourrais jamais l'épouser. J'ai cessé de le voir au bout de quelques mois. Puisque mes enfants n'avaient jamais fait sa connaissance, ils n'ont pas été témoins de notre rupture.»

Si vos enfants ne vont pas vivre chaque semaine ou toutes les deux semaines chez votre ex-conjoint, si vous devez les confier à une gardienne lors de vos sorties, préparez à leur intention une liste de gardiennes que vous appréciez et permettez-leur d'en choisir une eux-mêmes. Ils accepteront plus facilement de vous voir vous amuser sans eux. Si vos enfants sont d'accord, vous pourriez aussi les envoyer passer la nuit chez des amis ou chez un autre membre de la famille.

Quelles vertus devrait posséder le conjoint idéal ?

> *Les quatre vertus en S de tout bon amant ne suffisent pas. Il lui faut presque tout l'alphabet. Qu'il soit donc Agréable, Bienveillant, Constant, Dévoué, Élégant de cœur, Fidèle, Galant, Honnête, Ingénieux, Joyeux, Loyal, Modeste, Noble, Obligeant, Prudent, Quiet, Riche, Secret, Travailleur, Urbain, Valeureux ; K et X sont trop durs pour lui, W et Y trop faibles, mais il ne manque pas de Zèle.*
>
> MIGUEL DE CERVANTES

Les personnes divorcées doutent souvent de leur aptitude à choisir un conjoint. Elles appréhendent de se tromper une nouvelle fois. Fiez-vous à votre expérience. Elle vous aidera à faire preuve de réalisme et de maturité dans vos choix amoureux. Il peut être utile, avant de prendre la décision de poursuivre une relation, de préparer une liste de vos goûts et de vos valeurs personnelles, et une liste des goûts et valeurs de l'autre personne. Encerclez ceux que vous avez en commun. Idéalement, les éléments encerclés devraient être les plus nombreux.

L'exercice ci-dessous vous aidera à identifier les vertus que devrait posséder votre conjoint idéal. Il ne s'agit pas d'une liste de points à vérifier comme lorsque vous achetez une maison ou une voiture, mais bien d'un outil qui vous aidera à réfléchir à ce qui compte pour vous dans une relation amoureuse.

EXERCICE 13 : MON CONJOINT IDÉAL

Vous trouverez ci-dessous quelques-unes des qualités que devrait posséder le nouveau conjoint d'une personne divorcée.

Ne perdez pas de vue que nul n'est parfait et que la personne que vous aimerez pourrait bien ne pas être dotée de la totalité de ces vertus. Soyez réaliste et montrez-vous patient si cette personne semble disposée à communiquer et à développer quelques-unes des qualités suivantes.

1. Il approuve mon style de parentage et la discipline que j'impose à mes enfants.
2. Il évite de porter des jugements critiques ; il ne dit ni à mes enfants ni à moi comment nous devrions agir.
3. Il évite de comparer mes enfants aux siens ou à d'autres enfants.
4. Il comprend que mes enfants et moi ayons besoin d'intimité, et il n'en ressent aucune jalousie.
5. Il se montre patient et compréhensif lorsque nos projets sont annulés ou chambardés en raison des enfants.
6. Il est respectueux et communicatif avec moi et avec mes enfants.
7. Il réfrène ses sarcasmes à mon égard et à l'égard de mes enfants.
8. Il s'intéresse à ce que mes enfants ont à dire et il leur prête une oreille attentive.
9. Il fait preuve de neutralité, d'objectivité et de bienveillance lorsqu'il parle de mes enfants.

10. Il est communicatif.
11. Il n'abuse pas de l'alcool et il ne fait pas usage de drogues.
12. Il donne à mes enfants le temps de venir à lui ; il ne précipite pas les choses.
13. Il participe gaiement à nos fêtes de famille : anniversaires, congés, vacances.
14. Lorsque je pose des limites aux marques d'affection que nous pouvons nous donner en présence des enfants, il les observe.
15. Il se montre compréhensif et bienveillant quant aux réactions de mes enfants à nos fréquentations.
16. Il comprend les sentiments que j'éprouve envers mes enfants et il me réconforte lorsque ceux-ci me manquent.
17. Il aime participer à nos activités familiales tout autant qu'il aime jouir de notre solitude à deux.
18. Il sait s'amuser en compagnie de mes enfants, et mes enfants aiment s'amuser en sa compagnie.
19. Il est responsable et il s'excuse lorsqu'il a commis un impair envers moi ou envers mes enfants.
20. Il sait aussi me pardonner et pardonner à mes enfants lorsque nous commettons une erreur.

Dans la section Notes personnelles, notez les qualités qui vous importent. Si vous fréquentez quelqu'un en ce moment, identifiez celles de ces qualités qui le décrivent le mieux.

Quand la relation devient sérieuse

Quand votre relation devient sérieuse et que le moment semble venu pour vous de présenter votre ami ou votre amie à vos enfants, suivez les conseils qui suivent : ils aideront vos enfants à s'adapter à la situation.

Ménagez-vous des moments d'intimité en compagnie de vos enfants

Il se peut que vos enfants n'apprécient pas de devoir partager votre attention et votre compagnie avec un autre adulte. Ils éprouvent déjà un sentiment de perte et pourraient appréhender de vous perdre aussi. La personne que vous fréquentez sera moins menaçante à leurs yeux si vous leur prouvez qu'ils comptent toujours pour vous. Accordez quotidiennement à chacun de vos enfants une demi-heure de votre temps. Assistez ensemble à un concert ou louez une barque pour une heure ou deux. Puisque je travaille en général douze heures le mercredi, j'ai pris l'habitude de faire une pause à midi et d'inviter mes enfants à déjeuner. Depuis cinq ans, cette habitude est si bien ancrée que lorsque l'institutrice de mon fils me voit entrer dans le terrain de stationnement, elle lui dit invariablement : « C'est ton jour de sortie ! »

Permettez à vos enfants d'apprendre à connaître votre ami(e) et réfrénez pour un temps vos gestes affectueux en leur présence. Denise s'inquiétait de la réaction de ses enfants à la présence d'Alain, son nouvel ami. Elle me consulta. « Mes enfants ne supportent pas de nous voir nous embrasser, nous étreindre et même nous tenir par la main. Leur père et moi n'avions jamais de contacts physiques en leur présence : soit que nous nous querellions, soit que nous ne nous adressions pas la parole. J'espère pouvoir montrer à mes enfants qu'il est possible, pour un couple, de se témoigner de l'affection. Mais lorsque Alain et moi nous asseyons ensemble sur le canapé, Stéphanie, qui est âgée de quatre ans, vient s'installer entre nous deux et se met à pleurnicher. Marguerite, qui a quatorze ans, se réfugie dans sa chambre en prétextant que nos tripotages la répugnent. » Peu à peu, Denise en est venue à comprendre que ce changement, pourtant pour le mieux, représentait pour ses enfants une transition difficile. Le fait de voir leur mère en compagnie d'un autre homme heurtait profondément Stéphanie et Marguerite. Quand Denise et Alain se firent plus discrets en leur présence et que les fillettes eurent le temps d'apprendre à connaître le nouvel ami de leur mère, la tension entre eux s'apaisa. Stéphanie vient encore s'asseoir entre Denise et Alain sur le canapé, mais elle ne pleurniche plus et leur demande plutôt de lui lire une histoire. Marguerite ne se réfugie plus aussi souvent dans sa chambre. Depuis qu'elle sait qu'Alain est un partisan des Bulls de Chicago, ils regardent ensemble la partie de basket-ball.

Certes, il est très agréable de se tenir par la main et de s'embrasser, mais ces gestes peuvent troubler vos enfants, surtout s'ils sont adolescents. Leur loyauté envers votre ex-conjoint, l'espoir de vous voir de nouveau réunis peuvent se traduire par de l'hostilité envers la personne que vous fréquentez. Vos enfants pourraient en outre appréhender de voir cette personne remplacer leur parent absent ou s'immiscer dans la discipline familiale en imposant ses propres règlements.

L'éventualité d'une nouvelle rupture et des souffrances qui l'accompagnent pourrait également les effrayer. Lorsque Jeannine m'amena Félix, son fils de dix ans, celui-ci commettait de petits larcins et se montrait franchement hostile envers le nouvel ami de sa mère. Les parents de Félix étaient divorcés depuis trois ans. L'ami de sa mère, qui vivait avec eux depuis deux ans, les avait quittés deux mois auparavant. En outre, le frère de Félix était allé vivre chez son père. Félix avait subi trois pertes importantes en l'espace de trois ans. Par son comportement, il creusait la distance entre lui et l'ami de sa mère pour se protéger d'avoir à vivre un autre deuil et d'éprouver une fois de plus un sentiment d'abandon.

Permettez à vos enfants de vous dire ce qu'ils pensent de vos fréquentations

Au lieu de défendre votre droit à refaire votre vie, pratiquez l'écoute active (chapitre 5). Si vos enfants sont impolis envers votre ami(e), attendez que cette personne s'absente et interrogez-les sur ce qu'ils ressentent. Dites-leur que, même si leurs sentiments sont tout à fait légitimes, ils doivent se montrer polis et respectueux envers la personne que vous fréquentez comme envers qui que ce soit d'autre. Épaulez-les lorsqu'ils s'efforcent de comprendre que vous désirez refaire votre vie.

Ne mettez pas fin à vos activités familiales

Vos nouvelles fréquentations sont difficiles à accepter pour vos enfants, car elles bouleversent leur vie une fois de plus. Minimisez ces chambardements en poursuivant normalement vos activités familiales telles que les repas ou les prières en famille, ou les dimanches soir devant la télévision. Si vos fréquentations interfèrent avec l'une de ces activités en famille, sachez vous adapter à la situation. Par exemple, si vous prévoyez de rentrer trop tard pour border vos enfants à l'heure du coucher, lisez-leur une histoire avant de quitter la maison.

Le renouveau de votre vie amoureuse peut être une expérience pénible pour vos enfants, mais aussi une occasion d'enrichissement intérieur pour vous tous. Ainsi que le dit une maman: «Dix ans après mon divorce, mon fils de treize ans, Jonathan, me dit un jour : "Maman, je crois que tu devrais sortir davantage. Mais assure-toi que ton copain possède une moto, qu'il travaille à plein temps, qu'il est gentil, et qu'il aime le sport et les enfants". » (Christine, mère de deux adolescents)

9

Le remariage

Tu veux voir déborder la coupe de ta joie ?
Quand tu as tort, dis-le.
Mais quand tu as raison, tais-toi.

OGDEN NASH

POINTS SAILLANTS

- Identifiez clairement vos rôles respectifs.
- Déterminez un *modus operandi* pour les prises de décisions et les dépenses d'argent.
- Faites participer vos enfants à la cérémonie du mariage.
- Complimentez votre conjoint et sachez l'apprécier.
- Démarquez-vous de vos familles respectives et de vos relations amoureuses précédentes.

« Cela ne m'a pas été facile de décider de me remarier. Joseph est un type épatant, et il est formidable avec mes enfants. Mais j'avais entendu tant d'histoires d'horreur ! Et puisque mon premier mariage avait été un désastre, j'étais très craintive. J'ai attendu trois ans avant d'accepter d'épouser Joseph, et je ne regrette pas ma décision. Joseph et moi nous sommes beaucoup efforcés de comprendre nos besoins respectifs et ceux de nos enfants. Bien sûr, nous avons nos problèmes, comme tout le monde, mais nous nous efforçons d'en discuter. Je suis heureuse que mes enfants aient la chance de constater que les couples mariés peuvent régler leurs problèmes sans se détruire. » (Myriam, quatre enfants)

Au cours d'une recherche d'une durée de dix ans, Judith Wallerstein a constaté qu'un second mariage est souvent plus heureux que le premier. Elle a observé que de nombreux adultes s'appuyaient sur leurs expériences passées pour éviter de répéter les mêmes erreurs. Elle a noté, particulièrement chez les femmes, un rehaussement considérable des compétences et de l'estime de soi. Mais elle a également noté que la colère, les blessures d'amour-propre et l'humiliation persistent chez bon nombre d'adultes qui ne se remettent pas d'une mauvaise expérience. Compte tenu du taux d'échec très élevé des remariages, vous devez réfléchir sérieusement avant d'entreprendre une nouvelle vie de couple. La plupart des conseillers suggèrent aux couples divorcés de laisser s'écouler un délai de trois ans avant de se remarier.

Avant de vous marier

Discutez des points suivants avant votre mariage et tout au long de votre vie commune.

Identifiez les rôles de chacun

Convenez ensemble de qui fera la cuisine, les courses et le ménage. Inscrivez sur le calendrier qui de vous deux conduira les enfants à l'école, à la garderie et ainsi de suite. Faites part à votre conjoint de vos attentes concernant la discipline et le partage des tâches domestiques. Convenez entre vous de la personne qui imposera le règlement et des punitions appropriées en cas de désobéissance. L'exercice 5 (chapitre 3) vous assistera dans la répartition des tâches domestiques. Discutez aussi de la façon dont vous vous soutiendrez mutuellement dans l'imposition de la discipline parentale. «Je ne te désapprouverai pas en présence des enfants lorsque tu prendras une décision qui les concerne. Si je ne suis pas d'accord, nous en discuterons en privé.» Vous devriez également aborder le sujet de vos ambitions et de vos carrières respectives, tant à l'extérieur de la maison qu'à la maison.

N'écoutez pas votre grand-mère : parler de sexe et d'argent est important

Parlez de vos attentes personnelles en matière de budget. Quand nous nous sommes mariés, mon mari et moi avons convenu qu'à l'exception des dépenses courantes, aucun de nous deux ne dépenserait plus de cinquante dollars sans que nous en ayons discuté au préalable. Nous avons par la suite modifié ce montant en fonction de notre revenu, mais parler d'argent avant que l'argent vienne à manquer nous a évité des tas de querelles. Discutez de vos objectifs et de vos projets de retraite. Répartissez entre vous le paiement des factures courantes. Prévoyez les décisions que vous devrez prendre concernant les enfants : frais de scolarité, activités scolaires et parascolaires, vêtements, livres, jouets, et ainsi de suite. Nous abordons plus en détail l'aspect budgétaire de la vie familiale au chapitre suivant et nous vous disons aussi comment l'allocation hebdomadaire des enfants peut les encourager à accomplir leur part des tâches ménagères.

Faites participer vos enfants à la cérémonie du mariage

«Mon père nous a dit qu'il se remariait environ une semaine avant la cérémonie. J'ai eu l'impression que je ne comptais pas suffisamment à ses yeux pour qu'il me prévienne plus tôt. Dès le départ, cela a créé des tensions dans ma relation avec ma belle-mère.» (Jacob, vingt-deux ans) Vos enfants doivent avoir le temps de réfléchir aux effets de votre remariage sur leur propre vie. Dites: «J'ai trouvé quelqu'un que je peux aimer et avec qui le bonheur est possible. J'ai décidé de l'épouser.»

Expliquez à vos enfants plus jeunes en quoi consiste être un beau-parent. Parlez du rôle du beau-parent au sein de votre famille. Ne multipliez pas les détails inutiles avec un jeune enfant: «Un beau-parent est un adulte qui m'aime autant que tu m'aimes.» Faites comprendre à vos enfants que cette personne ne remplacera pas leur père ou leur mère, mais qu'elle leur procurera l'occasion de parler à un adulte de plus.

«J'ai failli développer un ulcère à force de me demander comment je dirais à ma fille Angèle que Théo et moi avions décidé de nous marier. Mais quand je lui ai annoncé que nous désirions qu'elle soit bouquetière, elle en a été ravie. Pendant deux semaines, elle n'a cessé de me demander: Maman, quand est-ce que nous allons acheter ma robe?» (Marguerite, mère d'une fillette de cinq ans)

Si tous vos enfants et ceux de votre fiancé participent à la cérémonie du mariage et à sa planification, ils accepteront plus volontiers ce remariage. Même si vous ne prévoyez qu'une cérémonie intime, donnez-leur quelque chose à faire (témoin, demoiselle d'honneur, placier, lecteur, distributeur de paquets de riz ou de confettis).

Prévoyez passer une partie de votre lune de miel en compagnie des enfants. Jocelyne, mère de deux enfants, a invité sa sœur et ses enfants à l'accompagner à Disney World pendant sa lune de miel. Elle s'est installée à l'hôtel avec son mari, tandis que sa sœur et ses enfants logeaient dans un hôtel voisin. Pendant les trois premiers jours, ils ont visité Disney World tous ensemble. Ensuite, elle et son mari sont partis poursuivre leur lune de miel ailleurs et sa sœur est restée avec les enfants à Disney World.

Le secret d'un mariage réussi

Certes, le choix du conjoint compte pour beaucoup dans la réussite d'un mariage, mais le bonheur conjugal demande aussi des efforts et du temps. Un bon mariage se fonde sur la compréhension, la négociation et le compromis. Les efforts que vous consacrez à construire avec votre conjoint une relation d'affection et d'entraide qui soit également satisfaisante émotionnellement et sexuellement en valent la peine. Si vous suivez les conseils ci-dessous, vous renforcerez votre relation avec votre conjoint et vous pourrez construire une relation maritale solide et durable.

La communication

Chaque jour, accordez-vous trente minutes de conversation pour aborder les questions qui vous préoccupent. Recourez au « je » (chapitre 5). Mettez fin à votre dialogue en remerciant votre conjoint : « Merci de travailler pour faire vivre la famille » ; « J'apprécie que tu aies conduit Daniel à sa partie de base-ball », ou, pourquoi pas, « Tu es gentil d'avoir pensé à rabattre le siège des toilettes. » Ne fuyez pas les conflits. Si la tension monte, accordez-vous une trêve, mais fixez-lui une durée limite et reprenez votre discussion quand vous vous serez calmés. La bonne communication ne consiste pas seulement à s'exprimer d'une manière efficace, mais aussi à savoir écouter. Pendant que votre conjoint vous parle, repassez mentalement ce qu'il vous dit. Puis, répétez ses commentaires à voix haute et demandez-lui si vous les avez bien compris. Demandez-lui de clarifier ce qui vous a échappé. Si vous souhaitez seulement vous défouler, dites-lui que vous ne recherchez pas une solution immédiate à votre problème, mais que vous avez besoin d'une oreille attentive.

Complimentez votre conjoint et sachez l'admirer

Ne tenez pas votre conjoint pour acquis. Dites-lui souvent pourquoi vous l'admirez. Remerciez-le de faire la lessive, de sortir les ordures ménagères, ou de s'habiller avec soin pour vous accompagner dans vos sorties. Les compliments doivent l'emporter sur les critiques. Dites-lui en quoi il est spécial et à quel point il compte pour vous.

Ne négligez pas le romantisme. Continuez de vous offrir l'un l'autre des surprises agréables qui contribueront à renforcer l'amour qui a pris naissance lors de vos fréquentations. Vous éviterez ainsi de vous tenir pour acquis. Le romantisme ne requiert aucun effort. Mais si vous ne le planifiez pas, vous le reléguerez très tôt aux oubliettes. L'exercice ci-dessous vous aidera à renforcer le lien qui vous unit à votre conjoint.

EXERCICE 14: LES MILLE ET UNE FAÇONS DE DIRE «JE T'AIME»

Lorsque vous planifiez votre emploi du temps de la semaine, n'omettez pas quelques-uns des petits riens ci-dessous.

- Envoyez un billet doux à votre conjoint.
- Expédiez-lui un courriel ou une bande dessinée amusante.
- Offrez-lui un coupon-promesse pour une soirée dansante, un dîner, un massage, un pique-nique au parc, une nuit de soumission.
- Adonnez-vous avec votre conjoint à une activité de son choix qui ne vous plaît pas tellement. (Qui sait si vous ne développerez pas une passion subite pour la danse en ligne?)
- Adonnez-vous ensemble à une activité nouvelle pour les deux.
- Achetez un bain sauna. Il n'est guère possible d'y faire autre chose que se détendre, parler et s'amuser.
- Allez faire une promenade ou une balade à vélo.
- Écoutez de la musique ensemble.
- Tenez-vous la main en regardant la télé.
- Offrez-vous une soirée dans une boîte de nuit ou une salle de spectacle.
- Appelez votre conjoint chaque jour au travail pour lui dire que vous pensez à lui.
- Écrivez-lui une lettre d'amour dans laquelle vous décrivez ce que vous aimez en lui.
- Passez ensemble une nuit à l'hôtel.
- Fixez, sur le volant de sa voiture, des papillons qui disent «Je t'aime» ou «Passe une bonne journée».
- Invitez votre conjoint à un pique-nique.
- Offrez-lui un bain mousse avec bougies, chocolats et champagne.
- Offrez-lui d'assumer à sa place l'une de ses tâches domestiques.
- Faites laver sa voiture et remplissez le réservoir à essence.
- Envoyez-lui des fleurs, au bureau ou à la maison.
- Procurez-vous un ouvrage sur l'intimité du couple et lisez-le ensemble.
- Planifiez et préparez son repas préféré.

- Écrivez trois des raisons qui vous ont fait l'épouser et glissez-les dans son casse-croûte, sur la banquette de la voiture ou sous son oreiller.
- Achetez un disque de musique romantique que vous écouterez lors d'un petit dîner à la chandelle. Faites-en « votre chanson ».
- Sur des feuillets séparés, notez sept qualités que vous aimez chez votre conjoint et demandez-lui d'en lire une à voix haute, chaque matin, au petit-déjeuner.
- Planifiez une course au trésor : enveloppez plusieurs petits cadeaux et cachez-les un peu partout dans la maison. Donnez-lui un indice pour l'aider à découvrir l'emplacement du premier cadeau. Laissez le deuxième indice dans le premier cadeau, et ainsi de suite, jusqu'au dernier. Ajoutez au dernier cadeau un indice qui dirigera votre conjoint vers le jardin où l'attendra un pique-nique ou vers la salle à manger où vous aurez préparé un dîner à la chandelle.
- Demandez à votre conjoint d'énumérer cinq choses qu'il aimerait que vous fassiez pendant la semaine, et faites-les.
- Inscrivez-vous ensemble à un cours qui tente votre conjoint : peinture, menuiserie, danse sociale.
- Invitez votre conjoint à une sortie romantique. Dites-lui que vous avez passé une très belle soirée et que vous aimeriez recommencer chaque semaine.
- Dans la section Notes personnelles, énumérez ce que vous pourriez faire pour stimuler le romantisme de votre mariage. Soyez audacieux et imaginatif.

Démarquez-vous de vos familles respectives et de vos relations amoureuses précédentes

Il ne s'agit pas de rompre toute relation avec vos familles élargies, mais bien de redéfinir vos relations avec vos parents respectifs, votre fratrie et les autres membres de la famille. Discutez des ennuis que vous avez connus avec vos familles élargies et vos conjoints précédents, et déterminez la façon dont vous aborderez dorénavant ces aspects de la vie familiale. Décrivez vos vacances en famille passées, vos soupers du dimanche, les fêtes d'anniversaire, et élaborez vos propres traditions. Ma sœur avait l'habitude de passer la veille de

Noël seule, en compagnie de son mari et de ses enfants. Ils assistaient ensemble à la messe et dépouillaient l'arbre de Noël au retour. Ensuite, quand les enfants étaient couchés, ils partageaient une bouteille de vin ensemble et s'échangeaient des cadeaux. Le jour de Noël était consacré aux visites familiales. Cette tradition les a aidés à renforcer leurs liens avec leurs enfants et à réduire le stress associé à la période des Fêtes.

10

Les beaux-parents

*Avoir de la chance signifie parfois obtenir non pas ce
que l'on avait cru désirer, mais constater,
quand on a obtenu ce que l'on a,
que c'est ce qu'on aurait désiré dès le départ
si on avait eu le bon sens de le vouloir.*
GARRISON KEILLOR

POINTS SAILLANTS

- Permettez à vos enfants de développer des liens d'affection avec leurs beaux-parents.
- Développez des liens d'affection avec vos beaux-enfants.
- Reconnaissez qu'une belle-famille n'est pas une famille biologique.
- N'essayez pas de remplacer les parents de vos beaux-enfants.
- Ne vous immiscez pas dès l'abord dans la discipline familiale.
- Discutez des questions financières avec votre conjoint.
- Ayez des loisirs en famille.
- Consacrez des moments d'intimité à vos beaux-enfants.
- Vantez les réussites de vos beaux-enfants.
- Discutez avec les membres de la famille, les parents de vos beaux-enfants et ces enfants eux-mêmes des questions qui touchent votre intimité et des limites à ne pas franchir.
- Déterminez le rôle de la famille élargie dans la vie de vos beaux-enfants.

Lorsque, petite fille, vous jouiez avec vos poupées Barbie et Ken, vous n'imaginiez pas que vous feriez un jour partie d'une belle-famille. Jeune adulte, quand vous faisiez des choix de carrière et que vous envisagiez de vous marier, vous ne vous voyiez pas en train de faire comprendre à vos enfants qu'ils en viendraient un jour à aimer votre nouveau conjoint. Développer une relation d'affection avec les enfants de six, dix et treize ans de votre nouveau conjoint ne faisait sans doute pas partie de vos objectifs. En vieillissant, vous avez compris que les femmes ne ressemblent pas toutes à Barbie et que la vie n'est pas toujours celle que vous espériez. Vous avez également découvert que, moyennant un peu de patience, de prudence et de persistance, une belle-famille peut enrichir votre vie et celle de vos enfants en dépit des incidents de parcours.

Le développement des liens affectifs entre beaux-enfants et beaux-parents

Tout comme il vous est possible d'aimer plusieurs enfants également, vos enfants peuvent aimer tout autant leurs parents naturels et leurs beaux-parents. Ne vous sentez pas menacé si vos enfants appellent leur beau-père papa, ou leur belle-mère maman. Plus vous laisserez l'hostilité s'installer entre vous, plus l'adaptation de vos enfants sera difficile. Au lieu de voir une menace dans l'affection croissante de vos enfants pour leur beau-parent, dites-vous que l'amour d'un autre adulte ne peut que contribuer à leur sécurité affective.

Les beaux-parents ont acquis une bien mauvaise réputation grâce à des personnages de contes de fées telle Cendrillon. Même dans la version moderne de ce conte, *À tout jamais,* Cendrillon possède un tempérament fort et indépendant, mais sa belle-mère est encore et toujours une femme méchante et vindicative. Le sort la punit de détester sa belle-fille. Contrairement à ce qui se passe dans ce conte de fées, les beaux-parents peuvent enrichir la vie de leurs beaux-enfants. Vous pouvez faire des tas de choses pour édifier une relation affective solide avec vos beaux-enfants sans qu'il soit nécessaire de les marier à un prince ou à une princesse.

Ne vous attendez pas que votre famille recomposée soit une copie conforme de la famille qui était la vôtre avant votre divorce. Les familles recomposées doivent affronter des problèmes particuliers et connaissent des joies qui leur sont propres. Dans une famille biologique intacte, le couple fait des enfants et les éduque. Dans une belle-famille, les liens biologiques risquent d'opposer les deux familles et de créer des animosités entre leurs membres. Ne perdez pas de vue que les membres d'une famille recomposée ne partagent pas de souvenirs communs. Votre façon de faire et vos valeurs diffèrent sans doute aussi des leurs. Ayez l'esprit ouvert et abordez ces différences avec compréhension et respect. Introduisez très graduellement les changements qui vous importent. Sans doute trouvez-vous rebutant que votre belle-fille aime les sandwiches au beurre d'arachide avec de la mayonnaise et des cornichons, mais après tout, si vous y goûtiez, cette combinaison de saveurs vous plairait peut-être aussi?

Au début, efforcez-vous d'être un modèle à imiter au lieu d'imposer votre autorité. Il faudra du temps pour que vous et vos beaux-enfants vous adaptiez à cette situation nouvelle. Ils souffrent encore de l'éclatement de leur famille biologique et pourraient voir en vous la personne qui empêche la réconciliation de leurs parents. Une relation se construit avec le temps; la solidarité familiale dans la prise de décisions exige du temps et des efforts.

«Lorsque j'ai épousé Suzanne, son fils Richard me répétait sans arrêt que je n'étais pas son père. Son attitude me vexait beaucoup.

Après tout, c'était moi qui le conduisais à sa partie de foot, moi qui jouais au basket-ball avec lui dans la cour, moi qui payais la plupart des factures. Son vrai père venait très rarement lui rendre visite. Au début, je soulignais à Richard tout ce que je faisais pour lui, contrairement à son "vrai père". Cela ne faisait qu'empirer la situation, alors, j'ai renoncé. Un beau jour, j'ai invité Richard à manger une pizza et je lui ai dit qu'il avait raison : je n'étais pas son vrai père, car il n'avait qu'un vrai père (je me suis retenu de lui dire que son vrai père était un perdant même si je le pensais). Je lui ai dit que sa relation avec son vrai père était très précieuse et que personne ne changerait rien à cela. J'ai ajouté que je ne remplacerais jamais son vrai père, mais que cela ne m'empêchait pas de l'aimer. Je lui ai dit combien j'aimais jouer au basket-ball avec lui et combien j'étais fier qu'il ait fait beaucoup de progrès au foot. Je lui ai expliqué que, puisque j'étais l'un des deux adultes de la famille, je me permettrais parfois de le réprimander ou de lui prodiguer des conseils, même si cela lui déplaisait. J'ai ajouté que je serais toujours là pour lui venir en aide et que je l'aimais. À compter de ce jour, nos relations se sont améliorées. Richard me répétait encore de temps en temps que je n'étais pas son "vrai père", mais seulement lorsque je lui rappelais qu'il devait rentrer tôt ou assumer sa part des tâches domestiques. Je lui répondais alors : "Je sais que je ne suis pas ton père, mais tu dois quand même rentrer à la maison au plus tard à vingt-trois heures."» (Jacques, beau-père d'un garçon de treize ans)

Acceptez le fait que vous ne serez jamais la «vraie» mère ou le «vrai» père de cet enfant et efforcez-vous plutôt de construire avec lui une relation affective enrichissante pour vous deux. *Dites que vous êtes l'un des chefs de la famille et non pas le père ou la mère.*

Convenez avec vos beaux-enfants du nom qu'ils vous donneront. Ce choix peut s'avérer délicat pour eux. En l'absence de liens étroits, ils pourraient se sentir mal à l'aise de vous appeler papa ou maman, et appréhender de heurter leur parent biologique. Par ailleurs, si on les a habitués à ne pas appeler un adulte par son prénom, ils pourraient avoir l'impression de vous manquer de respect s'il vous appellent Robert. Trouvez une solution ensemble. Claude, neuf ans, appelle sa belle-mère Malou (maman + Louise).

Les questions de loyauté sont parfois très épineuses au sein d'une belle-famille et peuvent inciter les enfants à éprouver envers leur beau-parent des sentiments contradictoires. «Lorsque maman a épousé Benoît, je ne savais trop que penser. J'étais très heureuse de ce mariage, car Benoît était très bon pour ma mère et il ne me disait pas comment je devais agir. Il était chimiste, et il m'aidait à faire mes devoirs de physique et de chimie. Il a même offert de m'aider à payer mes études universitaires. Mais je me sentais aussi très coupable, comme si j'avais fraternisé avec l'ennemi.» (Marcelle, dix-sept ans) Ne soyez pas surpris que vos beaux-enfants oscillent entre la bienveillance et l'agressivité. Efforcez-vous de comprendre leur ambivalence et continuez de resserrer les liens d'affection qui vous unissent à eux. Montrez-vous heureux de l'affection qui les rattache à leur parent biologique (ou adoptif) et évitez de le rabaisser, car vous pourriez nuire très gravement à vos rapports. Vous obligeriez ainsi vos beaux-enfants à défendre leur parent contre vos agressions, même si ce que vous dites est vrai.

N'essayez pas d'avoir des enfants parfaits, mais perfectionnez la relation que vous partagez avec eux. Ne vous immiscez pas dans la discipline familiale. Si vous entrez dans cette nouvelle relation en disant «fais ce que je dis ou va-t'en», vous ne réussirez qu'à vous aliéner vos beaux-enfants et à inciter votre conjoint à les surprotéger ou à se montrer trop permissif. Attachez-vous d'abord à consolider votre relation et à connaître le point de vue de votre conjoint en matière de discipline familiale. Au début, laissez votre conjoint s'en charger. Cela ne signifie nullement que vous deviez vous laisser dominer. Les enfants ont besoin d'un cadre. Convenez avec votre conjoint des responsabilités domestiques de chacun des enfants, de la discipline familiale à laquelle ils devront se soumettre et des punitions en cas de désobéissance. Vous trouverez au chapitre 3 des conseils qui vous aideront à mettre au point d'un commun accord une série de règlements. Imposez cette discipline à tous les enfants, même s'ils ne sont avec vous qu'une journée ou deux chaque semaine.

Avec votre conjoint, décidez qui prendra les décisions dans tous les domaines qui se rapportent aux enfants (choix d'une école, problèmes médicaux ou légaux). Assurez-vous d'avoir le droit, légalement, de prendre de telles décisions. L'autre parent biologique de vos beaux-enfants devra être consulté lors de décisions de cette nature: convenez avec votre conjoint du rôle que vous pourrez jouer dans ces discussions et ces décisions.

Dans la section Notes personnelles, énumérez ce que vous pouvez faire pour développer des liens d'affection solides avec vos beaux-enfants.

Les questions financières

Planifiez votre budget ensemble. «Un jour, lorsque Catherine et moi étions jeunes mariés, Mathieu, son fils, lui demanda de lui remettre son allocation hebdomadaire. Elle lui donna dix dollars. Plus tard ce soir-là, pendant que Catherine était allée faire des courses, il me demanda de l'argent pour aller au cinéma. Lorsque je lui dis de payer son billet avec son allocation, il me regarda comme si je venais d'une autre planète, me dit «Ouais, tu parles...» et il tendit la main. Je lui remis un billet de dix, mais je lui dis que nous discuterions avec sa mère de la façon dont il devait dépenser son allocation.» (Jacques, beau-père de quatre enfants) Abordez la question des allocations des enfants avec votre conjoint; discutez de votre attitude face à l'argent dans votre précédent mariage, et de votre attitude future. Décidez ensemble à quoi serviront ces allocations (à inculquer aux enfants le sens des responsabilités, à leur apprendre à faire des choix, ou simplement à les empêcher de toujours vous demander de l'argent). Dans certaines familles, les enfants reçoivent une allocation hebdomadaire importante, mais celle-ci doit couvrir l'ensemble de leurs dépenses, de l'achat des vêtements aux repas à la cafétéria de l'école. Ailleurs, on demande aux enfants de consacrer une partie de leur allocation à une œuvre de charité ou à l'épargne. Avec mes enfants, nous avons convenu que pour chaque dollar qu'ils verseraient à leur fonds d'épargne-études, j'en verserais un aussi.

EXERCICE 15 : OÙ EST L'ARGENT ?

Étape 1 : Énumérez toutes les tâches domestiques que chaque enfant est selon vous en mesure d'assumer.

Étape 2 : Convenez avec votre conjoint d'une allocation raisonnable pour chaque enfant.

Étape 3 : Écrivez le nom de chacun de vos enfants dans la première colonne de gauche du tableau de la page 152.

Étape 4 : Au début de chaque semaine, ou lors du conseil de famille, demandez à chaque enfant d'inscrire les tâches qu'il doit assumer chaque jour de la semaine et l'heure à laquelle cette tâche doit être complétée (vider le lave-vaisselle avant le dîner, ou tondre la pelouse le samedi avant midi). Ils s'en souviendront plus facilement s'ils l'écrivent eux-mêmes.

Étape 5 : Assurez-vous qu'ils comprennent bien ce qu'ils doivent faire (faire la vaisselle signifie remplir le lave-vaisselle, ranger les restes ou les condiments, bien essuyer le comptoir et la table). Si vos enfants doivent aller vivre dans leur autre famille pendant cette période, indiquez au calendrier, par une couleur différente, les jours où ils s'absenteront ou écrivez dans la case appropriée « chez papa/maman ».

Étape 6 : Placez ce calendrier en un endroit accessible à tous, par exemple sur la porte du réfrigérateur.

Étape 7 : Chaque fois que votre enfant accomplit sans retard la tâche qui lui est dévolue, il accumule un septième de son allocation hebdomadaire. Indiquez ce montant dans la case où est inscrite la tâche qu'il a assumée. S'il faillit à la tâche, inscrivez « 0 ».

Étape 8 : À la fin de la semaine, additionnez ces montants avec vos enfants et remettez-les-leur.

Étape 9 : Accordez-leur un boni s'ils ont accompli leur tâche sans retard tous les jours de la semaine.

Variantes :
- Si vos enfants ont de la difficulté à se souvenir de ce qu'ils doivent faire, demandez-leur d'inventer des trucs qui les aideront. Par exemple, les noter sur des bouts de papier, assumer leur tâche chaque jour avant d'allumer la télé ou avant d'aller jouer. S'ils font ce qu'ils ont à faire sans que vous deviez le leur rappeler, accordez-leur un petit boni.
- Si votre enfant veut un peu plus d'argent que d'habitude, confiez-lui une ou plusieurs tâches supplémentaires.
- Vous pouvez aussi diviser leur allocation en deux : une moitié pour qu'ils assument leurs tâches domestiques, l'autre pour leur obéissance au règlement.

Nos tâches domestiques

Nom de l'enfant	Lundi	Mardi	Mercredi	Jeudi	Vendredi	Samedi	Dimanche	Total

Voici un exemple du calendrier des tâches domestiques de notre famille

Nos tâches domestiques

Nom de l'enfant	Lundi	Mardi	Mercredi	Jeudi	Vendredi	Samedi	Dimanche	Total
Jessica	Mettre la table à 16 h 30	Nourrir le chat avant le petit-déjeuner Mettre la table à 16 h 30	Nourrir le chat avant le petit-déjeuner Mettre la table à 16 h 30 Sortir les ordures ménagères à 7 h 30	Nourrir le chat avant le petit-déjeuner Mettre la table à 16 h 30	Nourrir le chat avant le petit-déjeuner Mettre la table à 16 h 30	Nourrir le chat avant le petit-déjeuner Mettre la table à 16 h 30	Nourrir le chat avant le petit-déjeuner Mettre la table à 16 h 30	Nourrir le chat avant le petit-déjeuner Mettre la table à 16 h 30
Josh	Changer l'eau du chat avant le petit-déjeuner Ranger la table après le dîner	Changer l'eau du chat avant le petit-déjeuner Passer l'aspirateur Ranger la table après le dîner	Changer l'eau du chat avant le petit-déjeuner Ranger la table après le dîner	Changer l'eau du chat avant le petit-déjeuner Ranger la table après le dîner	Changer l'eau du chat avant le petit-déjeuner Ranger la table après le dîner	Changer l'eau du chat avant le petit-déjeuner Ranger la table après le dîner	Changer l'eau du chat avant le petit-déjeuner Ranger la table après le dîner	Changer l'eau du chat avant le petit-déjeuner Ranger la table après le dîner

L'acquisition des aptitudes parentales

Le fait que vous soyez en train de lire ce livre témoigne de votre dévouement envers vos enfants. Vous pouvez également vous inscrire, en compagnie de votre conjoint, à des ateliers de parentage spécialement destinés aux beaux-parents. Ces ateliers vous aideront à développer votre confiance et faciliteront l'entraide et la communication entre vous, votre conjoint et vos beaux-enfants. Renseignez-vous auprès de l'école du quartier, de votre presbytère ou de votre CLSC pour connaître les différents ateliers à votre disposition. Entre-temps, voici quelques trucs à mettre en pratique dès maintenant.

Trouvez des activités que vous pouvez faire en famille

« Lorsque Karine et moi venions de nous marier, ses enfants me comparaient constamment à leur père. Je ne brouillais pas les œufs comme le faisait leur père. Je ne jouais pas au ping-pong comme leur père. Je ne tondais pas la pelouse comme leur père. J'ai donc décidé que nous ferions ensemble quelque chose qu'ils n'avaient jamais fait avec leur père. J'ai demandé à Karine ce qu'ils aimeraient qui serait totalement nouveau pour eux. Entre autres activités, elle me suggéra de les emmener faire du ski alpin. Je n'avais jamais skié de ma vie non plus, mais pourquoi pas ? J'ai loué des chambres dans un centre de villégiature où, selon un de mes amis, on se spécialisait dans le ski en famille. J'ai loué des skis et payé pour des leçons. À la fin de la journée, j'avais l'air d'un bonhomme de neige, mais nous nous sommes beaucoup amusés. Le week-end fini, les enfants m'ont demandé quand nous reviendrions. Ils n'ont pas mentionné leur père une seule fois. » (Georges, beau-père de trois enfants)

Instaurez de nouvelles traditions qui cimenteront votre famille. La réalisation du mobile décrit à la page suivante contribuera à la cohésion familiale. Cette idée est tirée de *The Family Book of People Projects,* par Ray et Jean Noll.

EXERCICE 16 : NOTRE NOUVELLE FAMILLE

Matériaux

ciseaux, colle, marqueur ou crayons de cire, ficelle, papier bristol

photo de chaque membre de la famille (facultatif)

contenant vide de forme circulaire, par exemple un contenant de yogourt ou de margarine.

Étape 1 : En se servant du contenant comme d'un gabarit, les enfants tracent plusieurs cercles sur le papier bristol. Vous aurez besoin d'un cercle pour chaque membre de la famille.

Étape 2 : Dans chacun des cercles, les enfants dessinent le portrait d'un des membres de la famille. Vous pouvez aussi découper des photos des membres de la famille et les coller à l'intérieur des cercles.

Étape 3 : Découpez les cercles.

Étape 4 : Pour chaque cercle, coupez un bout de ficelle de 12 à 35 centimètres de longueur. Chaque ficelle devrait être de longueur différente.

Étape 5 : Fixez une ficelle à chacun des cercles.

Étape 6 : Découpez une bande de papier bristol mesurant 28 x 2 centimètres.

Étape 7 : Collez ou agrafez ensemble les petits côtés du rectangle pour former un cerceau.

Étape 8 : Fixez l'autre extrémité de chaque ficelle au bord inférieur du cerceau.

Étape 9 : Fixez une ficelle de 90 centimètres au-dessus du cerceau.

Étape 10 : Suspendez votre mobile.

Ménagez-vous des moments d'intimité avec vos beaux-enfants

Faites du bricolage ou des jeux avec vos beaux-enfants : par exemple, construisez un avion miniature ou réalisez un casse-tête, allez voir une partie de base-ball ou allez déjeuner au restaurant. La liste du chapitre 2 (Ce que j'aime faire avec papa/maman) vous inspirera. Dans la section Notes personnelles, énumérez de nouvelles traditions familiales que vous pourriez instaurer ou des idées d'activités auxquelles vous pourriez vous adonner avec vos beaux-enfants.

Vantez les réussites de vos beaux-enfants

Le fait de vanter les réussites de vos beaux-enfants contribuera à consolider vos relations et à augmenter leur estime de soi. Dans leur ouvrage intitulé *Self-Esteem*, Matthew McKay et Patrick Fanning affirment que, pour rehausser l'estime de soi, la louange doit comporter trois aspects.

1. Une description de l'action. «J'ai remarqué que tu t'étais souvenu de nourrir le chien ce matin sans que j'aie à te le rappeler.» Cette description ne doit pas comprendre les mots «bien» ou «mal». La description de l'action, le simple fait de dire à vos enfants ce que vous avez vu ou entendu, permet aux enfants de comprendre que leurs actes affectent autrui. Il est bon de souligner à vos beaux-enfants de quelle manière leurs bonnes actions contribuent à rehausser l'estime de soi. Au lieu de dire : «Tu es très intelligent», dites : «Tu dois être fier d'avoir si bien réussi ton concours d'épellation cette semaine!»

2. Votre réaction à l'action. Dites quelle impression vous avez retirée de l'action de votre beau-fils ou belle-fille, et pourquoi. «J'ai été très impressionnée par le courage que tu as manifesté quand tu as dit à ton ami que tu ne monterais pas avec lui dans sa voiture s'il prenait le volant après avoir bu de l'alcool.»

3. Constatation des sentiments de l'enfant. Reconnaissez les efforts et les sentiments de vos beaux-enfants. Ce faisant, vous les aiderez à comprendre que vous leur êtes attentif et que leurs émotions vous importent. «Je comprends que cela t'ait été difficile de

quitter tes amis avant ta copine Monique, mais j'apprécie que tu sois rentrée à la maison à l'heure convenue. »

Songez à ces trois éléments lorsque vous complimentez vos beaux-enfants.

« Tu as vraiment couru vite. Tu t'es donné à 100 p. 100 à cette course (Description). Je sais que cela t'a beaucoup déçu de ne pas gagner (Constatation). Je t'admire de t'être si bien entraîné, et j'ai été très fier de toi quand tu as dépassé les deux concurrents plus vieux que toi (Réaction). »

« Le porte-crayon que tu as fabriqué pour moi est vraiment très joli. J'aime particulièrement les fleurs violettes et les fleurs bleues (Description). Je suis très touchée que tu l'aies fabriqué spéciale-ment pour moi (Réaction). Je sais que cela t'a pris beaucoup de temps (Constatation). Je vais le mettre sur mon bureau, au travail, pour que tout le monde le voie. »

Notez ci-dessous trois actions de vos beaux-enfants qui vous ont fait plaisir.

1.

_____ (Description)
_____ (Réaction)
_____ (Constatation)

2.

_____ (Description)
_____ (Réaction)
_____ (Constatation)

3.

_____ (Description)
_____ (Réaction)
_____ (Constatation)

Les trucs de la section « Le développement de l'estime de soi » du chapitre 6 vous seront utiles dans cet exercice.

Le rôle de la famille élargie

Pendant l'écriture de ce livre, j'ai constaté que le vérificateur d'orthographe de mon logiciel de traitement de texte ne reconnaissait pas les expressions «beaux-grands-parents», «bel-oncle» ou «belle-tante». Vos parents, vos frères et sœurs pourraient être tout aussi confus quant à leur rôle vis-à-vis de vos beaux-enfants. Discutez ensemble du type de relation qu'ils s'attendent à développer avec vos beaux-enfants et de vos propres espoirs dans ce domaine. S'ils sont intéressés à se rapprocher d'eux, conseillez-leur d'y aller graduellement. N'oubliez pas qu'ils sont encore des étrangers pour vos beaux-enfants et qu'on ne construit pas une relation du jour au lendemain. S'ils en ont envie, et si vous et votre conjoint êtes d'accord, ils peuvent gâter leurs nouveaux petits-enfants et s'adonner avec eux aux mêmes activités qu'avec leurs propres petits-enfants, leurs neveux et leurs nièces. N'oubliez pas que vos enfants biologiques pourraient éprouver une certaine jalousie s'ils doivent partager leur tante Hélène ou grand-maman Boulanger. Votre famille élargie devrait respecter les traditions familiales que vous avez déjà instaurées. Enfin, vos parents devraient consulter un avocat avant de modifier leur testament pour y inclure leurs beaux-petits-enfants.

La relation de vos enfants avec leurs demi-frères et leurs demi-sœurs

La fusion de deux familles n'est guère simple, mais elle n'est pas plus impossible à réaliser qu'une tarte aux pommes. Lorsque vous préparez une tarte, les ingrédients pris individuellement ne ressemblent en rien au produit fini. Lorsque vous réunissez deux familles, vous connaissez des défis et des récompenses très différents de ceux que vous avez connus dans vos familles respectives d'avant votre divorce. Les enfants qui ne sont pas du même sang et qui n'ont pas été élevés ensemble réagiront différemment les uns envers les autres que des frères et sœurs qui vivent ensemble depuis leur naissance. Prévoyez quelques conflits territoriaux et quelques petites jalousies qui se manifesteront quand vous répartirez votre amour et votre attention entre vos enfants et ceux de votre conjoint. Si vous continuez d'habiter la maison familiale, vos enfants pourraient se sentir envahis. Si vous emménagez avec votre nouveau conjoint chez lui, vos enfants pourraient se sentir en pays étranger. Il en va de même des enfants de votre conjoint.

Pour empêcher votre tarte aux pommes de se répandre dans le four, vous posez l'assiette à tarte sur une plaque à biscuits. Pour empêcher les blessures et la colère de se répandre dans votre famille, rassemblez vos enfants respectifs et parlez-leur avant de vous marier. Dites-leur quelle sera la répartition des chambres, faites-leur connaître les calendriers de parentage des deux groupes. Abordez aussi la question de l'intimité et établissez des limites à ne pas franchir : par exemple, on n'entre pas sans permission dans la chambre de quelqu'un d'autre ; on ne se promène pas dans la maison vêtu d'une seule serviette de bain (surtout si la famille compte des adolescents ou des préadolescents des deux sexes).

Faites en sorte que chaque enfant dispose d'un territoire qui lui est propre et identifiez leurs effets personnels – par exemple, le gant de base-ball autographié, le saxophone, les chaussons de ballet – et les objets communs à toute la famille. «Toute la famille a le droit de se servir de la télévision, du jeu de Nintendo et de l'ordinateur. Si vous voulez vous emprunter des vêtements, des effets personnels et des jouets, vous devez d'abord en demander la permission.» Aidez chaque enfant à trouver un endroit où il peut se retirer dans la solitude. J'ai grandi dans une famille de neuf personnes. Après la messe, le dimanche, je restais seule dans la voiture pour avoir quelques minutes de paix et de silence. Les enfants ont tout autant que les adultes besoin d'un refuge et d'intimité.

Encouragez vos enfants et vos beaux-enfants à se parler. Tous ont subi le divorce de leurs parents et comprennent ce que cela signifie. Si vous leur lisez des histoires comportant des personnages dont l'un des parents s'est remarié, si vous les faites parler de ce qu'ils ressentent et si vous leur ménagez des moments d'intimité, vous aiderez vos enfants et vos beaux-enfants à mieux s'accepter les uns les autres. Dites à vos enfants qu'ils occuperont toujours un petit coin spécial dans votre cœur et que vous ne cesserez pas de les aimer.

En dépit des difficultés, être un beau-parent peut être une expérience extrêmement enrichissante. Avec du temps, de la patience et de la persistance, les beaux-parents peuvent nouer des relations très affectueuses avec leurs beaux-enfants. Ils sont en mesure d'aider ceux-ci à développer leur estime d'eux-mêmes et de leur procurer un environnement stable qui contribuera à faire d'eux des adultes équilibrés et fonctionnels. N'oubliez pas que la réunion de deux familles ressemble à une tarte : on n'en jouit pas dès sa sortie du four. Il faut attendre un peu, s'adapter, transformer quelques-unes de nos valeurs. Au bout du compte, le produit fini vaut qu'on lui ait consacré du temps, des efforts et de la patience.

11

Sachez veiller sur vous

POINTS SAILLANTS

- Pour bien veiller sur vos enfants, veillez d'abord sur vous-même.
- Limitez les occasions de stress.
- Ralentissez et goûtez la vie.
- Rehaussez votre estime de soi.
- Fixez-vous des objectifs réalistes.
- Fréquentez des personnes optimistes.
- Recherchez la compagnie d'autres adultes.

Si vous traitez vos amis de la façon dont vous vous traitez vous-même, conserverez-vous leur amitié ? Pour être en mesure d'aider vos enfants à s'adapter à votre divorce, il est indispensable que vous sachiez d'abord veiller sur vous. Cet aspect du problème est souvent celui que les parents jugent le plus difficile. Parce qu'ils croient avoir démantelé la vie de leurs enfants, ils refusent de tenir compte de leurs propres besoins. Toutefois, si vous êtes déprimé, soumis à un stress constant, épuisé ou préoccupé par votre situation financière, vous serez porté à être irritable et à nourrir du ressentiment. Tout comme il est impossible de conduire une voiture sans en remplir de temps à autre le réservoir à essence, il vous est impossible de vous consacrer à vos enfants sans renouveler votre provision d'énergie affective. Si vous négligez votre santé physique, si vous vous laissez dominer par le stress et si vous perdez toute estime de soi, vous vous rendez vulnérable aux maladies qui vous rendraient moins apte à veiller au bien-être de vos enfants. Le présent chapitre vous indique comment répondre à vos besoins physiques et psychologiques afin de mieux répondre à ceux de vos enfants.

La diminution du stress

Un peu de stress est normal et bienfaisant. Le stress nous pousse à nous surpasser et à saisir au vol les occasions qui se présentent. Mais souvent, en particulier lors d'un divorce, quand d'importantes transformations affectent notre vie, notre niveau de stress augmente radicalement. Ce survoltage peut avoir des conséquences néfastes sur notre bien-être physique et psychologique en affaiblissant notre système immunitaire, en nous rendant moins efficace à l'école, à la maison et au travail. Nous devons apprendre à reconnaître les causes de ce stress et à y remédier.

Sachez identifier les causes de stress et les moments où celui-ci se manifeste

Pour résoudre un problème, il faut d'abord pouvoir l'identifier. Sachez reconnaître les causes de votre survoltage. Faites l'inventaire des circonstances qui augmentent votre stress et posez-vous les questions suivantes.

> Quelles sont les causes de stress dans mon milieu de vie ?
> Quels changements physiques accroissent mon stress ?
> Ai-je été malade ?
> Est-ce que je dors suffisamment ?
> Mon régime alimentaire est-il équilibré ?
> Est-ce que je fais suffisamment d'exercice ?
> Ai-je modifié mes habitudes de vie récemment ?
> Y a-t-il eu des changements dans mes relations avec ma famille et mes amis ?
> Suis-je en mesure de boucler mon budget ?
> Ai-je vécu des changements dans mon travail ?
> Mon stress est-il dû à une forme de pessimisme ?

L'identification des symptômes du stress est une aptitude qui s'acquiert. En étant à l'écoute de vos émotions, de vos pensées et de votre corps, vous saurez plus facilement si vous êtes stressé. Êtes-vous tendu, surmené, anxieux, agité, appréhensif ou déprimé ? Ressentez-vous de la panique, de la peur, de la frustration ? Êtes-vous irritable, grincheux, revêche, inquiet, bouleversé ou ennuyé ? Tout cela peut être synonyme de stress. Vous pouvez également déceler les manifestations physiques du stress en écoutant votre corps. Moiteur des paumes, tension des mâchoires et tension musculaire, posture rigide, estomac noué... voilà quelques-uns des symptômes physiques du stress, de même qu'un pouls trop rapide, des palpitations, de la sudation, de l'hyperventilation ou des rougeurs aux joues qui ne seraient pas dus à une activité physique intense.

Lorsque vous avez identifié la source et les symptômes du stress, prenez les moyens qui, à court ou à long terme, vous aideront à les contrôler. L'exercice ci-dessous vous aidera à réduire rapidement votre niveau de stress.

EXERCICE 17 : LA SUSPENSION DU STRESS

Étape 1 : Lorsque le stress vous envahit, faites une pause de cinq minutes. Interrompez ce que vous êtes en train de faire et retirez-vous dans une pièce isolée, par exemple dans votre chambre à coucher, votre bureau, ou encore la salle de bain, et fermez la porte.

Étape 2 : Adoptez une position confortable : couché sur le dos ou assis sur une chaise.

Étape 3 : Si vous êtes assis sur une chaise, posez vos pieds à plat sur le sol et ne croisez pas les jambes.

Étape 4 : Inspirez lentement et profondément à quelques reprises. Inspirez par le nez, expirez par la bouche.

Étape 5 : Comptez lentement de un à dix et de dix à un en inspirant à chaque numéro. Répétez cet exercice tant que vos muscles ne seront pas détendus.

Dix bonnes habitudes pour contrer les effets du stress

L'acquisition des habitudes de vie décrites ci-après vous aidera à prévenir le stress et à en contrer les effets lorsqu'il se produit. Mettez ces habitudes en pratique chaque jour, jusqu'à ce qu'elles deviennent un pur réflexe. Incitez vos enfants à adopter les mêmes habitudes ; vous les aiderez ainsi à mieux contrer les effets du stress sur leur vie.

1. Une alimentation équilibrée
   Prenez bien soin de votre corps ; il vous a accompagné tout au long de votre vie. N'abusez ni de l'alcool ni de la caféine ; évitez les

sucres et les matières grasses. Ayez une alimentation équilibrée et ne sautez pas le petit-déjeuner. Consommez beaucoup de fruits, de légumes et d'aliments à haute teneur protéinique. Ne suivez pas de régimes amaigrissants. Si votre alimentation est équilibrée dans 95 p. 100 des cas, vous pourrez manger tout ce qui vous fait envie dans 5 p. 100 des cas.

2. Un bon conditionnement physique
L'exercice contribue à réduire l'anxiété et la tension. Profitez de la pause de midi pour faire une promenade. Faites-vous accompagner d'un ou d'une amie. Trouvez une activité qui vous plaît : inscrivez-vous à des classes de boxe orientale ou faites de la natation avec vos enfants chaque mardi soir. Prévoyez chaque semaine trois séances de conditionnement physique d'au moins vingt minutes chacune.

3. Un sommeil suffisant
L'on constate de plus en plus que le sommeil est indispensable à notre bien-être physique et psychologique. Les médias nous bombardent de statistiques sur l'importance d'une bonne nuit de sommeil. Souvent, lors d'un divorce, nous ne dormons pas suffisamment. Le manque de sommeil réduit notre aptitude à affronter la situation. Si vous vous sentez reposé, vous serez plus tolérant avec vos enfants et vos collègues, et vous affronterez plus facilement vos ennuis quotidiens. L'exercice ci-dessous vous aidera à vous endormir.

EXERCICE 18 : SOMMEIL, Ô DOUX SOMMEIL

Les conseils suivants seront plus efficaces si vous les suivez tous, de préférence pendant deux ou trois semaines. Si, au bout de ce temps, vous ne constatez aucune amélioration, consultez votre médecin.

1. Évitez la caféine (chocolat, thé, café et boissons gazeuses) pendant trois à cinq heures avant d'aller dormir.

2. Évitez l'alcool et les somnifères. Selon certains spécialistes des troubles du sommeil, non seulement l'alcool et les somnifères

créent une dépendance, mais le sommeil qui en résulte est plus léger et plus fragmenté.

3. Cessez de fumer. Les recherches démontrent qu'un paquet de cigarettes par jour réduit la durée totale du sommeil d'environ une demi-heure chaque nuit.

4. Dormez dans une pièce obscure, calme et confortable.

5. Évitez les siestes. Les siestes interfèrent avec le cycle normal de sommeil et de veille, et peuvent favoriser l'insomnie.

6. Évitez de travailler à l'ordinateur ou de regarder la télé avant d'aller dormir. Les écrans cathodiques stimulent l'activité cérébrale.

7. Adonnez-vous à des activités reposantes avant l'heure du coucher, telles que la lecture ou l'écoute de musique douce. Vous pouvez aussi écouter des enregistrements de sons naturels, par exemple, bruits de vagues ou chants d'oiseaux.

8. Le lit est fait pour le sommeil : n'y mangez pas, n'y regardez pas la télé. Vous voulez programmer votre cerveau et votre corps à s'endormir sitôt que vous êtes couché.

9. Essayez de trouver la température idéale pour votre chambre, mais veillez à ce qu'elle ne soit pas supérieure à 23°C ni inférieure à 17°C.

10. L'exercice quotidien, à raison de trente minutes par jour, favorise un sommeil profond. Évitez de faire de l'exercice physique juste avant d'aller dormir, car alors vous stimulez votre corps au lieu de le détendre.

11. Couchez-vous et levez-vous toujours à la même heure. Votre corps s'adaptera à ce cycle de sommeil et de veille. Ce cycle est en quelque sorte l'horloge intégrée qui dicte à votre cerveau et à votre corps leurs phases de sommeil et de veille.

12. Efforcez-vous de respecter les mêmes horaires pendant les weekends. Si vous vous couchez plus tard le vendredi soir, levez-vous

à la même heure que d'habitude le samedi matin, quitte à faire une courte sieste (trente minutes) dans l'après-midi.

13. Si vous avez l'habitude de vous lever pour aller aux toilettes pendant la nuit, évitez de boire pendant les deux heures précédant le coucher.

14. Mangez à des heures régulières. Faites du petit-déjeuner et du déjeuner vos repas les plus importants. Prenez un souper léger plusieurs heures avant d'aller dormir. N'allez pas vous coucher l'estomac creux. Une légère collation riche en calcium (lait, yogourt, fromage) est conseillée. Si vous vous réveillez pendant la nuit, ne mangez pas. Rappelez-vous que vous voulez vous programmer à dormir, et non pas à manger.

15. Si le bruit vous réveille la nuit, procurez-vous un appareil qui génère des bruits neutres.

16. Faites les exercices de détente que nous décrivons dans ce chapitre. Il existe aussi de nombreuses cassettes de relaxation sur le marché.

17. Si vous ne parvenez toujours pas à vous endormir après avoir fait les exercices de détente mentionnés au paragraphe 16, levez-vous. Buvez une boisson chaude sans caféine. Lisez ou écoutez de la musique, adonnez-vous à une activité de détente. Quand vous vous sentirez de nouveau fatigué, retournez vous coucher.

18. Si vous ne pouvez faire le vide dans votre esprit et que vous ressassez vos problèmes, gardez un calepin à la portée de la main et notez-y les pensées qui vous assaillent. Dites-vous qu'il sera temps d'y voir demain. Chaque jour, passez cette liste en revue. Vous apprendrez ainsi à régler vos ennuis pendant la journée et non pas à l'heure du coucher. Dans la section Notes personnelles, notez les images et les lieux dont la pensée pourrait vous apaiser et vous aider à dormir.

4. Accordez-vous quelques minutes chaque jour pour penser à vous. Suivez un cours de yoga, lisez votre magazine préféré, prenez un bain chaud. Faites chaque jour des exercices de détente, écoutez une cassette de relaxation, des bruits de vagues ou des chants de baleines (on trouve facilement de ces cassettes dans les librairies). L'exercice ci-dessous vous aidera également à vous détendre et à affronter les aléas du quotidien.

EXERCICE 19 : LA DÉTENTE

Étape 1 : Prévoyez trente minutes de détente plusieurs fois par semaine.

Étape 2 : Asseyez-vous ou étendez-vous dans une pièce sombre.

Étape 3 : Respirez. Inspirez profondément et lentement par le nez, expirez par la bouche.

Étape 4 : Commencez par détendre votre pied droit. Tendez les orteils, la plante, le talon.

Étape 5 : Gardez cette position pendant quelques secondes, puis relâchez-la.

Étape 6 : Notez la différence de sensation entre un pied tendu et un pied détendu.

Étape 7 : Tendez le pied gauche. D'abord les orteils, puis la plante et enfin, le talon.

Étape 8 : Gardez cette position pendant quelques secondes, puis relâchez-la.

Étape 9 : Reprenez les étapes 4 à 8, cette fois en tendant les muscles du mollet.

Étape 10 : Passez maintenant aux cuisses. N'oubliez pas de respirer profondément.

Étape 11 : Procédez ainsi pour tout le corps, en tendant puis en relâchant chaque groupe musculaire : bassin, estomac, poitrine, mains, bras, épaules, dos, cou, mâchoires, nez, yeux, front et, enfin, cuir chevelu.

Étape 12 : Passez votre corps en revue. Si vous y sentez la moindre tension, refaites les étapes 4 à 8 pour chacun des groupes musculaires qui n'est pas parvenu à se détendre.

Étape 13 : Visualisez-vous dans un endroit calme : sur un sentier en forêt, à la pêche sur un lac, à la plage. Choisissez un endroit que vous associez à la détente.

Étape 14 : Pendant dix minutes, imaginez les paysages, les sons, les odeurs, les sensations et les saveurs que vous associez à cet endroit. Entendez chanter les oiseaux, sentez la brise vous caresser la peau, humez l'odeur des pins.

Étape 15 : Continuez de respirer lentement et profondément.

Étape 16 : Dites-vous que cette sensation de détente vous accompagnera toute la journée et que vous serez en mesure d'affronter tous les ennuis de la vie quotidienne.

Étape 17 : Quand vous vous sentirez prêt à le faire, reportez mentalement votre attention sur la pièce où vous êtes. Visualisez la couleur des murs, les meubles, etc.

Étape 18 : Ouvrez les yeux.

Étape 19 : Notez qu'après avoir ouvert les yeux vous restez détendu.

---

5. Sachez gérer votre emploi du temps

« Quand je rentrais à la maison à 18 heures, je commençais immédiatement à préparer le souper. Cela me semblait être la chose la plus urgente à faire. Mes enfants me brandissaient leurs devoirs à la figure ou des lettres de l'institutrice, ils me demandaient de l'argent pour des fournitures ou sollicitaient mon aide pour leurs leçons. Je ne savais plus où donner de la tête. J'ai fini par comprendre que ce qui comptait, à mon retour du bureau, c'était que mes enfants et moi puissions passer quelques minutes ensemble. Maintenant, quand je rentre à la maison, je leur donne un quartier de fruit ou quelques bâtonnets de carotte et je m'assois avec chacun d'eux pendant quinze minutes avant de préparer le repas. Puisqu'ils ne sont plus forcés de me déranger et d'attirer mon attention, la préparation du repas prend moins de temps et nous prenons place à table à la même heure qu'auparavant. Parfois, nous préparons le repas tous ensemble. Comme ça, je peux être avec eux tout en m'occupant du souper. » (Mélanie, trois enfants) Nous donnons presque toujours la priorité aux choses urgentes et non pas aux choses importantes. Planifiez votre emploi du temps. Fixez-vous des objectifs à court et à long terme. Faites l'inventaire de ce qui est important et de ce que vous pouvez accomplir. Déléguez autant que possible certaines responsabilités et félicitez-vous quand vous avez réussi à accomplir quelque chose.

6. Prenez votre situation financière en mains

L'argent représente un souci majeur pour les personnes divorcées. C'est un fait qu'entretenir deux domiciles coûte plus cher qu'un seul. Pour apaiser vos inquiétudes, dressez l'inventaire de vos dépenses domestiques et personnelles et de vos sources de revenus. Il existe de nombreux livres et logiciels pour vous aider dans la tenue de votre budget. Quand vous aurez identifié vos dépenses, fixez-vous des objectifs financiers et établissez un budget réaliste. Vous découvrirez que le mot « budget » n'est pas un blasphème. Un budget vous aidera à contrôler vos dépenses et à assurer votre indépendance financière.

7. Prenez des vacances

Partez, même pour quelques jours seulement. Vous vous détendrez et vous ferez le plein d'énergie. Un changement de décor, loin du bureau et de la maison, vous donnera du recul. Les vacances procurent aussi aux parents et aux enfants l'occasion de cimenter leur relation. Mes enfants se remémorent encore nos vacances en famille, quand il a plu sans arrêt et que nous avons passé des journées entières à jouer au Monopoly.

8. **Dénichez un nouveau passe-temps**
   Les activités de pur plaisir sont très régénératrices. Le bricolage, la peinture vous aideront à découvrir en vous de nouveaux talents et à vous évader de votre emploi du temps trop chargé. Au printemps, je fais du jardinage. Quand je regarde pousser les résultats de mes efforts, j'en éprouve un profond sentiment de paix qui ne m'habite pas aux heures les plus bousculées de ma vie. Faites participer vos enfants à certains de vos loisirs. Ils se détendront et ils seront fiers de ce qu'ils seront parvenus à accomplir.

9. **Développez votre sens de l'organisation**
   Les projets inachevés et le désordre contribuent au stress. Rangez vos placards, réparez ce qui peut être réparé et jetez le reste. Donnez les vêtements que vous n'avez pas portés depuis un an ou plus.
   Chaque jour, faites la liste de vos activités de la journée. À mesure que vous en avez terminé une, cochez-la, et félicitez-vous. Ne remettez pas au lendemain. La procrastination accroît la culpabilité et nuit à l'efficacité.
   « Quand j'ai eu fini d'emballer les affaires de Jérémie (mon ex-mari) pour les lui expédier, on aurait dit que je venais de me libérer d'un poids énorme. Cela peut paraître ridicule, mais le fait de jeter sa brosse à dents équivalait pour moi à affirmer qu'il ne reviendrait plus. » (Martine, cinq enfants) Tournez le dos à votre passé en emballant et en rendant à votre ex-conjoint tous ses effets personnels et les vêtements rangés dans les placards ou entreposés dans la cave.

10. **Prenez le temps de respirer le parfum des roses**
    Goûtez la vie. Jouez avec vos enfants. Jouissez de l'eau chaude de la douche au lieu de choisir ce moment pour planifier votre journée. Savourez la nourriture que vous mangez, respirez l'air frais, asseyez-vous et caressez votre chat ou votre chien pendant quelques minutes. En conduisant la voiture, admirez le paysage, écoutez un livre parlé, ne vous fâchez pas contre les conducteurs incompétents. Vous trouverez ci-dessous vingt conseils pour vous aider à vous détendre et à ralentir le rythme. Ils sont tirés de l'ouvrage de Richard Carlson, *Ne vous noyez pas dans un verre d'eau : simplifiez-vous la vie !* Je me suis permis d'adapter ses idées aux besoins particuliers des personnes divorcées.

Acceptez que vous, vos enfants et votre ex-conjoint ne soyez pas parfaits.

Dites-vous que, lorsque vous mourrez, vous aurez accompli quelque chose.

Laissez votre ex-conjoint et vos enfants avoir raison.

Dites-vous que « La vie n'est pas une urgence ».

Remerciez quelqu'un chaque jour.

Sachez écouter les autres.

Posez-vous la question suivante : « Cela aura-t-il de l'importance dans un an ? »

Cherchez avant tout à comprendre.

Identifiez ce sur quoi vous vous butez le plus, et assouplissez-vous.

Soyez flexible aux changements de plans.

Évitez les querelles et choisissez soigneusement vos conflits.

Dites aujourd'hui à tous les membres de votre famille que vous les aimez.

Chaque jour, prenez le temps d'apprécier ce qu'il y a de beau dans votre vie.

Admettez que votre ex-conjoint et vous puissiez ne pas partager le même point de vue sur la vie.

Avant de parler à votre ex-conjoint, respirez profondément à trois reprises.

Il est préférable d'être généreux que d'avoir raison.

Concentrez-vous sur une seule chose à la fois.

Soyez moins exigeant envers vous-même et envers vos enfants.

Ce n'est pas parce qu'on vous tend une perche que vous devez forcément la saisir.

Acceptez de ne pas tout savoir.

Dans la section Notes personnelles, énumérez ce que vous pourriez faire *cette semaine* pour réduire votre stress.

Le développement de l'estime de soi

Quelqu'un a dit un jour : « Apprenez à vous aimer. Vous serez avec vous où que vous alliez. » L'image que nous avons de nous-mêmes affecte nos relations avec autrui, le choix de nos amis ou d'un conjoint, nos réussites professionnelles et même nos compétences parentales. Notre estime de soi colore nos pensées, nos émotions et nos actes. L'estime de soi, c'est l'image que nous avons de nous-mêmes, la perception que nous avons de notre valeur personnelle. Lors d'un divorce, il arrive que nous nous jugions inaptes et indignes d'amour. Nous croyons avoir raté notre vie, ce qui contribue à ternir l'image que nous avons de nous-mêmes. Il est indispensable que nous restaurions notre estime de soi. L'exercice ci-dessous comporte des affirmations qui vous aideront dans cette reconstruction. La plupart sont des variantes d'affirmations conçues par le spécialiste de l'estime de soi Jack Canfield.

EXERCICE 20 : JE SURVIVRAI : L'ESTIME DE SOI PAR LA PENSÉE POSITIVE

Étape 1 : Faites part à votre famille des raisons pour lesquelles vous faites cet exercice, et demandez-lui d'y participer.

Étape 2 : Chaque matin, choisissez l'une des affirmations énumérées dans les pages suivantes.

Étape 3 : Inscrivez votre nom à l'endroit approprié.

Étape 4 : Copiez cette affirmation sur une carte d'index.

Étape 5 : Affichez ce carton là où vous serez certain de le voir tout au long de la journée : le miroir de la salle de bain, le réfrigérateur, au-dessus de l'évier de la cuisine.

Étape 6 : Lisez cette affirmation à voix haute plusieurs fois par jour.

Étape 7 : Lorsque vous vous laissez gagner par le pessimisme, combattez-le en répétant l'une de vos affirmations.

Étape 8 : Si l'on vous critique, tirez-en des leçons et faites les changements qui s'imposent, puis souvenez-vous d'une chose que vous avez faite correctement.

Moi, _____, je m'aime.

Moi, _____, je suis aimable.

Moi, _____, je décide de mon avenir.

Moi, _____, j'accepte les compliments, car je les mérite.

Moi, _____, je vois en chaque problème une occasion à saisir.

Moi, _____, je suis unique.

Moi, _____, je sais prendre soin de moi-même.

Moi, _____, je fais de mon mieux avec les aptitudes, les connaissances et l'expérience que je possède.

Moi, _____, je m'accepte tel(le) que je suis.

Moi, _____, je m'aime et j'aime les autres.

Moi, _____, je mérite qu'on me traite avec respect et dignité.

Moi, _____, je fais confiance à mon intuition.

Moi, _____, je peux avoir ce que je veux et ce dont j'ai besoin sans me justifier.

Moi, _____, je crois que la vie est belle.

Moi, _____, je m'amuse dans la vie.

Moi, _____, j'ai beaucoup de talent.

Moi, _____, j'ai beaucoup à offrir.

Moi, _____, je m'aime sans condition.

Moi, _____, je suis en paix et serein(e).

Moi, _____, je suis responsable de mon bonheur.

Moi, _____, je suis responsable de mes décisions.

Moi, _____, je me suffis.

Moi, _____, je suis intelligent(e).

Moi, _____, je suis satisfait(e) de ma vie.

Moi, _____, je suis qui je dois être.

Moi, _____, je suis super.

Moi, _____, je suis intègre.

Moi, _____, je me pardonne mes erreurs.

Moi, _____, je suis sage.

Moi, _____, je suis une personne importante.

Les sentiments de _____ sont aussi importants que ceux de quelqu'un d'autre.

Moi, _____, je suis calme et détendu(e).

Moi, _____, je suis beau (belle).

Moi, _____, j'aime et je respecte mon corps.

Moi, _____, je prends ma vie en mains.

Moi, _____, j'aime la vie.

Moi, _____, je goûte la vie.

Moi, _____, j'aime la personne que je suis.

Moi, _____, je suis fier (fière) de mes accomplissements.

Moi, _____, je mérite d'être reconnu(e) pour ce que j'ai accompli.

Moi, _____, je suis astucieux (astucieuse).

Moi, _____, je renonce à changer ce que je ne peux changer.

Moi, _____, je mérite le respect.

Moi, _____, je suis formidable.

Moi, _____, je suis honnête envers moi-même.

Moi, _____, je cherche à me comprendre mieux.

Ce n'est pas tant ce qui arrive qui colore ma vie, mais bien la manière dont moi, _____, je réagis à ces circonstances.

Moi, _____, je fais ce qu'il faut pour atteindre mes objectifs.

Moi, _____, je permets aux autres de m'aider et de m'aimer.

Moi, _____, je m'aime et je me viens en aide.

Moi, _____, je m'entoure de personnes optimistes, aimantes et bienveillantes.

Moi, _____, j'encourage les autres.

Moi, _____, je suis encouragé(e) par les autres.

Moi, _____, je pense et j'agis dans le respect de mes principes.

Moi, _____, j'entreprends chaque journée dans l'espoir et la joie.

Moi, _____, j'incite les autres à se surpasser.

Moi, _____, je suis ouvert(e) à toute nouvelle expérience.

Moi, _____, j'affronte mes problèmes avec calme.

Moi, _____, je ne laisse pas la peur m'empêcher d'être heureux (heureuse).

Moi, _____, je réussirai.

Moi, _____, j'ai le droit de refuser ce qui pourrait nuire à mes objectifs.

Moi, _____, j'appelle au secours si nécessaire.

Moi, _____, je suis chaque jour plus fort(e).

Moi, _____, j'obtiens des résultats.

Moi, _____, je m'attends que tout tourne pour le mieux.

Moi, _____, je termine ce que je commence.

Moi, _____, je m'inspire des critiques pour parvenir à mes fins.

Moi, _____, je me fixe des objectifs et je m'efforce de les atteindre.

Moi, _____, je suis reconnaissant(e) pour ce que je possède.

Moi, _____, j'en vaux la peine.

Moi, _____, j'ai une vie équilibrée.

Moi, _____, je sais prendre des risques quand il le faut.

Moi, _____, j'ai un rôle à jouer.

Moi, _____, je me récompense pour mes réussites.

Moi, _____, j'écoute l'opinion des autres.

Moi, _____, je change de comportement quand celui-ci nuit à mes objectifs.

Moi, _____, je suis de plus en plus heureux (heureuse).

Moi, _____, j'ai le courage qu'il faut pour atteindre mes objectifs.

Moi, _____, je suis une personne responsable.

Moi, _____, je fais de grandes choses.

Moi, _____, je vais où je veux aller.

Moi, _____, je suis quelqu'un de spécial.

Moi, _____, j'ai de l'imagination.

Moi, _____, j'ai de la créativité.

Moi, _____, je fais de l'excellent travail.

Moi, _____, je suis un as.

Moi, _____, je suis une personne fantastique.

Moi, _____, je suis mon meilleur ami (ma meilleure amie).

Moi, _____, je me respecte.

Moi, _____, je me bichonne et je veille sur moi-même.

Moi, _____, je suis merveilleux (merveilleuse).

Moi, _____, je peux réussir.

Moi, _____, je suis adorable.

Moi, _____, je suis un survivant (une survivante).

Le miroir quotidien

Chaque soir, avant d'aller dormir, regardez-vous dans une glace et remémorez-vous une chose précise que vous avez accomplie ce jour-là. Si la journée a été pénible, dites, par exemple : « Je me suis levé(e) », ou « Je n'ai pas oublié de nourrir le chien. » Il n'est pas indispensable qu'il s'agisse de quelque chose d'important. Ce qui compte, c'est que ce soit positif. Dans la section Notes personnelles, notez l'une de vos réalisations d'aujourd'hui, ne serait-ce que : « J'ai lu quelques pages d'un ouvrage de développement personnel qui m'aidera à favoriser l'adaptation de mes enfants à mon divorce. »

Fixez-vous des objectifs

> *[Alice] sursauta à la vue du Chat de Chester, assis sur la branche d'un arbre, à quelques mètres de là. [...]*
> *– Voudriez-vous me dire, s'il vous plaît, quelle direction je dois prendre pour quitter cet endroit ?*
> *– Cela dépend surtout de l'endroit où vous voulez aller, dit le Chat.*
> *– Ça m'est égal, dit Alice.*
> *– Alors, peu importe quelle direction vous prendrez, dit le Chat.*
>
> LEWIS CARROLL[3]

Pour aller quelque part, il faut d'abord savoir où aller. Fixez-vous des objectifs. Notez ceux-ci par écrit et visualisez-vous en train de les réaliser. Cela vous stimulera. Assurez-vous que vos objectifs sont précis, réalistes. Par exemple, « Aujourd'hui, je vais expédier cinq demandes d'emploi, donner cinq câlins à mes enfants, et je ne me querellerai pas avec _____ si elle (s'il) me téléphone. » Quand vous aurez réalisé vos objectifs à court terme, réfléchissez au long terme ; par exemple, retourner aux études, écrire un livre, enseigner. N'oubliez pas ce qu'a dit un jour Jane Wagner : « Toute ma vie, j'ai voulu devenir quelqu'un. J'aurais dû préciser qui. »

---

3. Lewis Carroll, *Alice au Pays des merveilles*, traduction d'André Bay, Verviers, Nouvelles Éditions Marabout, 1978, p. 80.

Fréquentez des gens optimistes

> *Pour être heureux, optimiste et enthousiaste, fré-*
> *quentez des gens heureux, optimistes et enthou-*
> *siastes. Pour attraper la grippe, fréquentez des*
> *gens grippés. Tout est contagieux.*
> Dᴿ H. Paul Jacobie

Fréquentez des gens optimistes, des amis qui rehaussent votre estime de soi et qui ne portent pas de jugements de valeur. Recherchez la compagnie de ceux qui vous aideront à vous surpasser. Ne vous isolez pas des membres bienveillants de votre famille ou des amis sur lesquels vous pouvez compter. Demandez à une personne qui vous aime de vous prendre dans ses bras. Vous avez besoin de marques physiques d'affection.

Recherchez la compagnie d'autres adultes

Vos enfants ne peuvent pas remplacer votre ex-conjoint. Certes, il est bon que vous et vos enfants passiez de bons moments ensemble, mais ne vous attendez pas qu'ils se substituent à vos amis adultes. Ils doivent grandir et se développer à leur rythme. Le parentage est, selon moi, une recherche d'équilibre. Sachez équilibrer le besoin de réconfort des membres de votre famille au besoin des enfants de développer leur individualité. Vous devez rechercher la compagnie de personnes de votre âge. Invitez des amis ou des parents à déjeuner, inscrivez-vous à des classes d'exercice aérobique, joignez-vous à une équipe de quilles ou de tennis, suivez des cours de dessin, de céramique ou de cuisine. Avant de vous inscrire à un club, renseignez-vous sur la proportion de personnes seules qui en font partie. Vous entourer de couples pourrait renforcer votre isolement. Un grand nombre d'organismes religieux ou communautaires proposent des activités pour personnes seules. Certaines associations de personnes monoparentales organisent des réunions et des rencontres où vous et vos enfants pourrez faire la connaissance d'autres personnes dans la même situation que vous.

Il est indispensable à votre guérison et à celle de vos enfants que vous veilliez sur vous-même. Vous ne serez pas un parent compétent et disponible si vous ne subvenez pas d'abord à vos propres besoins. Pour mieux venir en aide à vos enfants, sachez vous aider vous-même.

12

Vos émotions : comment y faire face et comment les assumer

Une porte se ferme sur le bonheur,
une autre s'ouvre.
Mais nous avons les yeux braqués
sur la porte fermée
et nous ne voyons pas celle qui s'est ouverte.

Il nous faut découvrir ces portes ouvertes
et si nous avons confiance en nous-mêmes
nous les trouverons.
Nous ferons alors de nous-mêmes
et de notre vie
ces merveilles que Dieu a voulues.

HELEN KELLER

POINTS SAILLANTS

- Assumez votre deuil et votre guérison.
- Il est normal d'éprouver de la colère, de la tristesse, de la peur et de la culpabilité.
- Combattez votre pessimisme par des affirmations.
- Joignez-vous à un groupe de soutien ou consultez un thérapeute qui vous aideront à assumer votre souffrance.

« Quand Benoît m'a quittée, jour après jour je restais assise à la table de la cuisine, en peignoir, et je fumais comme une cheminée. Je n'avais envie de rien ; je ne voulais parler à personne. Heureusement, c'était l'été et je ne travaillais pas, car je n'aurais pas eu le courage de me rendre chaque matin au travail. Un beau soir, j'ai entendu ma fille Stéphanie parler à une amie au téléphone. Elle lui disait qu'elle avait l'impression d'être devenue orpheline de père et de mère, et qu'elle ne savait pas comment me venir en aide. Cela m'a fait l'effet d'une douche froide. J'avais bouleversé la vie de ma fille en ruinant mon mariage, et voilà qu'elle se demandait comment veiller sur moi ! Je me suis levée de ma chaise et je suis allée la retrouver dans sa chambre. Nous avons beaucoup parlé et beaucoup pleuré. Elle m'a avoué que je lui manquais terriblement... À compter de ce jour, je me suis habillée chaque matin même si cela me demandait un effort. Je préparais le petit-déjeuner et nous mangions toutes les deux ensemble. Je me forçais à accomplir de menues tâches – arroser les plantes, faire la vaisselle. Chaque fois que j'y parvenais, je me sentais un peu mieux. J'ai commencé à faire de la natation tous les jours et j'ai fini par accepter d'aller déjeuner au restaurant une fois par semaine avec ma voisine (elle me suppliait d'y aller depuis deux mois). Il m'a fallu beaucoup de patience, et j'avoue qu'il y a encore des jours où j'ai envie de rester au lit toute la journée, mais je me lève quand même et je m'habille. Le simple fait de faire un acte quel qu'il soit contribue à apaiser mon sentiment d'impuissance. » (Jeannette, mère d'une fille de quinze ans)

Le plus difficile – et le plus important – pour des parents qui divorcent consiste à assumer l'éventail d'émotions qui les étreignent. Colère, tristesse, soulagement, culpabilité, jalousie, fureur, embarras, peur, confusion – tout cela va et vient dans un mouvement de vagues. Il semble parfois impossible de s'en débarrasser pour se concentrer sur les besoins des enfants. Ces émotions sont parfois si violentes qu'elles nuisent à vos aptitudes parentales. Vous avez l'impression que la colère et la dépression auront raison de vous. Mais ce ballottement s'apaise avec le temps. L'orage passe. Avec de la patience et de la volonté, vous souffrirez moins et vous pourrez recommencer à vivre.

Les sept paliers psychologiques du divorce

Judith Wallerstein a identifié les sept paliers que doivent franchir les adultes qui divorcent avant de parvenir à refaire leur vie. Chacun peut sembler simpliste lorsqu'on le décrit, mais le franchir n'est pas une mince affaire. Cette tâche vous semblera parfois au-dessus de vos forces. Vous croirez qu'il s'agit d'un exploit impossible à réaliser. Faites-vous aider par vos amis et votre famille si vous en ressentez le besoin : vous réussirez.

1. La fin du mariage

La manière dont un couple se sépare aura des répercussions sur tous les membres de la famille pendant plusieurs années. Analysez les sentiments qui ont présidé à votre vie commune (amour et haine), progressez vers l'indifférence et enfin vers le respect mutuel. Vous pourriez rêver d'une réconciliation. Si vous n'êtes pas parvenu à accepter la finalité du divorce, il se pourrait que vous transmettiez de manière subliminale vos espoirs de réconciliation à vos enfants. Si vous acceptez difficilement que votre divorce est final, ou si vous ne parvenez pas à dominer votre esprit critique, vous bénéficieriez sans doute de l'aide d'un conseiller ou d'un thérapeute pour analyser vos émotions. Le thérapeute vous aidera à assumer les émotions contradictoires avec lesquelles vous vous débattez. En dépit des difficultés, il est indispensable que vous négociiez les aspects financiers de votre divorce et les questions de parentage. Vous devez affronter la réalité : votre mariage a pris fin, votre vie s'est transformée, mais il faut payer les factures, nourrir les enfants, les envoyer à l'école et subvenir à tous leurs besoins.

2. Le deuil

Assumez votre deuil et acceptez que certains de vos rêves et de vos ambitions ne se réaliseront pas. Pleurez : vous en avez besoin. Cette période de deuil vous procurera le recul nécessaire à la prise de conscience de ce que vous avez perdu et vous donnera le courage d'aller de l'avant. Même si vous ne ressentez pas la perte de votre conjoint comme une catastrophe, votre conception du mariage en tant que symbole a été détruite. De nombreux couples perpétuent leur relation en prolongeant indûment les batailles juridiques. Ils préfèrent un contact conflictuel à l'absence de contact. Faites le deuil de votre couple, et allez de l'avant. (Le chapitre 6 aborde les étapes du deuil que vous et vos enfants devrez franchir tout au long des procédures de divorce.)

3. La réappropriation du moi

La réappropriation du moi suppose un sentiment d'identité renouvelé. Lorsque vous formiez un couple, votre sentiment d'identité était le plus souvent relié à votre rôle d'épouse ou d'époux. Le divorce vous permet, quoique douloureusement, de savoir qui vous êtes vraiment en vous forçant à emménager dans une nouvelle maison, à découvrir de nouveaux intérêts, à avoir des loisirs différents, à entreprendre une carrière, à vous faire de nouveaux amis. S'il vous est difficile de développer votre identité en tant que personne seule, remémorez-vous votre vie de célibataire. Refusez d'écouter la voix intérieure de votre ex-conjoint, ses jugements critiques, ses propos désobligeants, ses exigences. Rehaussez votre amour-propre en vous fixant des objectifs et en vous efforçant de les atteindre. Dans la section Notes personnelles, notez ce que vous avez toujours rêvé d'accomplir sans y parvenir. Visualisez-vous en train de le faire.

4. La conquête des émotions

Identifiez vos émotions, acceptez-les et assumez-les. Si c'est vous qui demandez le divorce, vous pourriez vous sentir coupable des blessures que vous infligez à votre conjoint et à vos enfants. Si vous êtes la personne que l'on quitte, vous pourriez éprouver des sentiments de colère, de trahison et d'abandon. Voici quelques-unes des émotions les plus courantes que vous pourriez devoir affronter.

La colère

> *La haine que j'avais pour elle était plus dévastatrice que l'indifférence, car la haine est le revers de l'amour.*
>
> J. AUGUST STRINDBERG

« Après notre divorce, mon ex-conjoint assistait à toutes les parties de basket-ball et à toutes les compétitions sportives de notre fille Karine. Quand nous étions mariés, il me fallait le supplier d'y venir, mais il était toujours trop occupé. Quand je le vois dans les gradins en train de l'encourager, jouant à être un père irréprochable, je suis furieuse. Pourquoi ne venait-il jamais aux parties de basket quand nous étions mariés ? S'il s'était occupé un peu plus de sa famille quand nous étions mariés, nous serions peut-être encore ensemble aujourd'hui. Mais quand je vois le sourire qui éclaire le visage de Karine lorsqu'elle aperçoit son père, je m'efforce de me dire "Mieux vaut tard que jamais". Cela me permet de me concentrer sur le bonheur de ma fille plutôt que sur ma déception. » (Yvonne, quatre enfants)

Il est tout à fait normal de nourrir un intense ressentiment à la suite d'un divorce. Il se peut que vous vous sentiez trahi et abandonné, et furieux de voir s'écrouler vos espoirs de bonheur spirituel et affectif. C'est l'expression de cette colère qui pourrait avoir des répercussions néfastes sur vos enfants. Vous voudrez peut-être punir votre ex-conjoint, le faire souffrir comme vous avez vous-même souffert. Si ces désirs sont normaux, évitez toutefois de faire de vos enfants un instrument de vengeance. Veillez à assumer votre ressentiment sans y mêler vos enfants. Si la colère vous étreint, confiez-vous à un ami lorsque vos enfants ne peuvent pas vous entendre, c'est-à-dire autant que possible en leur absence. S'ils sont à la maison, fermez la porte et allumez la radio afin qu'ils ne puissent pas saisir vos paroles. Demandez à vos amis de vous écouter vous plaindre pendant quelques minutes. Dites ce que vous avez sur le cœur, donnez libre cours à votre fureur. Ensuite, respirez profondément à quelques reprises et efforcez-vous calmement de surmonter votre désarroi. Vous pouvez aussi exprimer votre ressentiment par lettre. À vous de décider ensuite si vous détruirez cette lettre ou si vous l'expédierez. Dites librement ce qui vous trouble. Si vous avez envie d'insulter votre ex-conjoint ou de blasphémer, faites-le. N'oubliez pas que cette lettre ne doit pas tomber entre les mains de vos enfants. Si vous décidez d'expédier une lettre à son destinataire, attendez quelques jours, relisez-la, puis récrivez-la en y décrivant vos attentes spécifiques. Retranchez-en les insultes et les blasphèmes ; limitez-vous au problème que vous voudriez résoudre. « Quand ma femme faisait quelque chose de vraiment stupide, je lui exprimais ma façon de penser dans une lettre virulente. Ensuite, je brûlais la lettre. Le fait de lui écrire m'aidait à surmonter mon ressentiment sans éclater devant les enfants. » (Jacques, deux enfants) Dans la section Notes personnelles, énumérez les moyens salutaires auxquels vous pouvez recourir pour donner libre cours à votre ressentiment.

La peur

« J'étais terrifié quand Jocelyne m'a quitté. Que fait-on quand on a trois filles à éduquer ? Comment parviendrais-je tout seul à m'occuper de mon entreprise, à conduire les plus jeunes à la garderie, à les aider à faire leurs devoirs, à m'assurer qu'elles sont bien nourries ? Le jour où ma fille Nicole m'a demandé de lui acheter des tampons hygiéniques à la pharmacie, je l'ai regardée en ayant l'air de dire : "Tu te moques de moi ?" » (Thomas, trois enfants) Le divorce est un changement. Tout changement peut se révéler une expérience terrifiante. Au début, vous vous demandez si vous parviendrez à vous tirer d'affaire financièrement, si vous saurez comment agir quand votre bambin de trois ans se réveillera en pleurant au beau milieu de la nuit et réclamera sa mère, ou si vous saurez que faire en cas de panne d'électricité ou quand le chauffe-eau rendra son dernier soupir. Dites-vous ceci : « Presque tout ce qui m'inquiétait le mois dernier ne s'est pas produit. » Faites des affirmations (voir plus avant dans le présent chapitre) pour vous aider à renoncer au pessimisme et aux jugements critiques.

La tristesse

« La première fois que Sarah est allée passer quelques jours chez son père, j'ai cru mourir. Je me suis étendue sur son lit et j'ai pleuré pendant des heures. Cela vous semblera bizarre, mais j'ai enfoui mon visage dans son chandail préféré et j'en ai respiré l'odeur. Elle me manquait tellement ! » (Karine, mère d'une fillette de deux ans) Vous devez assumer le deuil inhérent au coparentage. Votre fille ne vous embrassera pas chaque soir avant de s'endormir, ni votre fils chaque fois qu'il partira pour l'école, et vous en souffrirez sans doute. Dites-vous que ces changements ne sont que cela, des changements, et non pas une détérioration de vos relations. Imaginez de nouveaux rituels et de nouvelles façons d'exprimer votre amour à vos enfants, et profitez au maximum des moments que vous passez ensemble. Un grand nombre de parents divorcés sont plus attentionnés que jamais avec leurs enfants, car ils ne tiennent plus leur présence pour acquise. Chacun de leur côté, les parents découvrent également que les rôles du père et de la mère ne sont plus aussi bien définis. Les pères apprennent à natter les cheveux de leur fille et les mère à réparer des chaînes de bicyclettes.

La culpabilité

La culpabilité a un synonyme : le mot « parents ». Les parents divorcés confèrent à la culpabilité une tout autre portée. Vous vous culpabilisez de détruire votre famille, de faire souffrir vos enfants, de manquer d'argent, de ne pas être aussi présent que vous le souhaiteriez pour vos enfants. Veillez à ne pas laisser la culpabilité inspirer vos décisions parentales. Les enfants gâtés ou ceux dont les parents ne leur imposent pas certaines limites raisonnables parce qu'ils se sentent coupables envers eux deviennent manipulateurs. Reconnaissez votre part de responsabilité dans la faillite de votre couple et sachez tirer des leçons de vos erreurs passées. Si vous vous sentez dépassé par la culpabilité, posez-vous la question suivante : « Si mon meilleur ami avait fait ce pour quoi j'éprouve un tel sentiment de culpabilité, que lui dirais-je ? » Parions que vous seriez beaucoup plus indulgent envers lui que vous ne l'êtes envers vous-même. La tenue d'un journal intime pourrait vous aider à surmonter votre sentiment de culpabilité en vous aidant à comprendre ce qui vous anime, ce qui vous inquiète et ce qui vous réussit. Écrivez-y tous les jours si vous le pouvez, mais ne permettez pas à vos enfants de lire ce que vous avez écrit.

5. Osez sortir

Trouvez en vous le courage de faire de nouvelles rencontres. Osez sortir et nouer de nouvelles relations affectives sans en ressentir de culpabilité. Trouvez quelqu'un qui partage vos intérêts. Allez danser ou inscrivez-vous à des cours de danse sociale. Acceptez les invitations que vous recevez. Joignez-vous à un gymnase fréquenté par des célibataires, à un club social ou à un club de bridge pour personnes seules. Faites du bénévolat. Développez des relations fondées sur la compréhension et l'estime de l'autre, et sur le respect de vos qualités individuelles.

6. Refaire sa vie

Développez des relations saines et plus équilibrées qui incluront vos enfants. Efforcez-vous d'avoir une vie personnelle. Fiez-vous aussi à votre aptitude à affronter les aléas de la vie quotidienne.

7. Aidez vos enfants

Reconnaissez que votre ex-conjoint est un être humain qui possède des forces et des faiblesses, et que vous partagez ensemble la responsabilité de l'éducation et du bien-être affectif de vos enfants. Ingrid Bergman a dit un jour : « Le bonheur, c'est la santé et une mauvaise mémoire. » Oubliez le passé. Songez plutôt à l'avenir.

Renoncez au pessimisme

William James a dit : « Le plus grand exploit de ma génération a été de découvrir que l'être humain peut changer sa vie en changeant d'attitude. » Que faire pour changer d'attitude ? Aaron Beck, le père de la thérapie cognitive comportementale, a découvert que nous pouvons transformer nos émotions en transformant notre façon de penser. L'individu moyen a cinquante mille pensées différentes par jour. La plupart de ces pensées sont des pensées réflexes inconscientes, mais elles colorent largement nos émotions. Supposons par exemple que votre ex-conjoint décide d'emmener vos enfants au zoo. Si vous vous dites : « Je suis heureuse qu'il fasse enfin quelque chose qui plaît aux enfants », vous en ressentirez du plaisir ou du soulagement. Mais si, au contraire, vous vous dites : « Il essaie toujours de faire mieux que moi. C'est lui qui amuse les enfants, et c'est moi qui dois insister pour qu'ils fassent leurs devoirs et qu'ils rangent leurs chambres. J'en ai plein les pattes », vous en ressentirez de la colère. Pour transformer nos émotions, nous devons transformer notre façon de penser.

Ces pensées qui nous envahissent et qui influencent nos émotions portent plusieurs noms. Pour certains, elles sont notre « petite voix ». Pour moi, elles sont des monologues intérieurs. Si votre petite voix ou votre monologue intérieur sont optimistes, vous serez porté à goûter la vie. S'ils sont pessimistes, votre vie sera remplie d'obstacles. Dans leur ouvrage intitulé *The Divorce Book*, Matthew McKay, Peter Rogers, Joan Blades et Richard Gosse qualifient de « pièges cognitifs » ces pensées irréalistes et inexactes. Selon eux, de nombreuses personnes divorcées souffrent plus que nécessaire parce qu'elles tombent dans ces pièges cognitifs, c'est-à-dire des pensées qui accroissent leur anxiété, leur dépression et leur ressentiment. Ces jugements de valeur nous incitent à nous complaire dans le deuil, le ressentiment ou le sentiment d'injustice et favorisent la dépression, l'anxiété et la fureur.

Voyons un peu si vous êtes porté à tomber dans les pièges cognitifs associés au divorce. Faites l'exercice suivant, conçu par les auteurs de *The Divorce Book*.

EXERCICE 21 : L'ÉCHELLE DE PERCEPTION DU DIVORCE

Pour chaque énoncé qui correspond à votre état d'esprit, cochez la case appropriée.

- ❏ A1. Mon divorce déplaira à un grand nombre de personnes.
- ❏ A2. C'était un perdant/une perdante.
- ❏ A3. Je serai toujours seul(e) et solitaire.
- ❏ A4. J'ai gâché ma vie.
- ❏ A5. Je n'ai pas su l'aimer.
- ❏ A6. Ma nouvelle liberté devrait me réjouir davantage.
- ❏ A7. J'étais trop bon/bonne pour elle/lui.
- ❏ A8. Mes amis vont me rejeter.
- ❏ B1. Sa famille va me détester. Ils vont me reprocher de l'avoir fait souffrir.
- ❏ B2. C'est une salope/un imbécile, un ou une _____ (censuré).
- ❏ B3. Je ne trouverai jamais personne d'autre.
- ❏ B4. Je ne supporte plus ma solitude.
- ❏ B5. Avec un peu plus d'efforts, j'aurais pu sauver mon mariage.
- ❏ B6. Je devrais sortir davantage.
- ❏ B7. S'il (si elle) avait accepté de changer un peu, de s'améliorer ou de faire des compromis, s'il (si elle) avait été plus conciliant(e), nous n'en serions pas là.

- ❏ B8. Financièrement, je vais être dans la dèche.
- ❏ C1. On me méprisera en secret.
- ❏ C2. Ce n'était au fond qu'un/une égoïste.
- ❏ C3. Mes relations sont vouées à l'échec.
- ❏ C4. Cette souffrance me tue.
- ❏ C5. Je n'ai pas été un bon époux/une bonne épouse.
- ❏ C6. Je n'en ai pas envie, mais je devrais faire les premiers pas. Je devrais inviter des hommes/des femmes à sortir.
- ❏ C7. Il/elle m'a rendu(e) malheureux/malheureuse et a ruiné notre mariage.
- ❏ C8. Mon ex-conjoint(e) ne s'en tirera pas sans moi.
- ❏ D1. Mes amis ne voudront plus me voir.
- ❏ D2. Il/elle a été stupide, insensible ou sans égards.
- ❏ D3. Personne ne me trouvera assez séduisant(e) pour vouloir s'approcher de moi.
- ❏ D4. Ma souffrance est trop grande.
- ❏ D5. Si seulement je n'avais pas (complétez), tout irait pour le mieux.
- ❏ D6. Je ne devrais pas abandonner mes enfants pour sortir le soir.
- ❏ D7. Son inaptitude à la communication est en grande partie responsable de notre divorce.
- ❏ D8. Je ne le supporterai pas. Je vais craquer.
- ❏ E1. C'est moi que les gens blâment.
- ❏ E2. Il/elle était cruel(le), hostile ou sadique.
- ❏ E3. Je ne me sortirai jamais de ma dépression.
- ❏ E4. Je lui ai donné les meilleures années de ma vie.
- ❏ E5. J'ai ruiné un bon mariage.
- ❏ E6. J'aurais dû ne pas divorcer à cause des enfants.
- ❏ E7. C'est son hostilité qui a tout gâché.
- ❏ E8. Mon divorce pourrait nuire à mes enfants à tout jamais.
- ❏ F1. Les gens croient que ma vie est un échec.
- ❏ F2. Il/elle ment.
- ❏ F3. Je ne pourrai jamais plus être intime avec qui que ce soit.
- ❏ F4. Je suis pris(e) au piège et impuissant(e).
- ❏ F5. Je suis hanté par mes comportements et mes erreurs.
- ❏ F6. Je n'aurais pas dû le/la faire souffrir. J'aurais dû m'efforcer davantage de sauver notre mariage.
- ❏ F7. S'il (si elle) s'y était efforcé(e) davantage, nous aurions pu sauver notre mariage.
- ❏ F8. Je ne pourrai pas avoir de fréquentations ni vivre une vie de célibataire.

❑ G1. Mes amis mariés ne me comprennent pas. Je les mets mal à l'aise.

❑ G2. Il/elle était introverti(e), peu engagée(e) ou froid(e).

❑ G3. Je n'aurai jamais une vie de couple heureuse.

❑ G4. J'ai l'impression d'avoir raté ma vie.

❑ G5. Je me sens responsable de sa souffrance.

❑ G6. Je devrais me rapprocher des gens, être plus disponible.

❑ G7. Il/elle n'avait jamais de temps à me consacrer ou ne faisait pas attention à moi. Il/elle ne m'aimait pas vraiment.

❑ G8. Je suis condamné(e) à vivre seul(e).

❑ H1. Ses amis ne m'aiment pas.

❑ H2. Il/elle ne savait pas communiquer.

❑ H3. Je ne me sentirai jamais plus en sécurité.

❑ H4. L'angoisse et la peur ont raison de moi. J'ai l'impression de me disloquer.

❑ H5. Je n'ai pas été assez flexible. J'aurais pu sauver mon mariage.

❑ H6. Je ne devrais pas appréhender mon indépendance et ma solitude.

❑ H7. Je n'ai pas été traité(e) équitablement. Je me suis fait avoir.

❑ H8. Mes relations amoureuses seront un échec et je souffrirai à nouveau.

Le calcul des points

Ce test comporte huit catégories. Suivez les indications ci-dessous pour le calcul des points de chaque catégorie.

Catégorie 1 : Additionnez le nombre de cases cochées pour tous les énoncés portant le numéro 1. (A1, B1, C1, etc.)
Total_____

Catégorie 2 : Additionnez le nombre de cases cochées pour tous les énoncés portant le numéro 2. (A2, B2, C2, etc.)
Total_____

Catégorie 3 : Additionnez le nombre de cases cochées pour tous les énoncés portant le numéro 3. (A3, B3, C3, etc.)
Total_____

Catégorie 4 : Additionnez le nombre de cases cochées pour tous les énoncés portant le numéro 4. (A4, B4, C4, etc.)
Total_____

Catégorie 5 : Additionnez le nombre de cases cochées pour tous les énoncés portant le numéro 5. (A5, B5, C5, etc.)

Total_____

Catégorie 6 : Additionnez le nombre de cases cochées pour tous les énoncés portant le numéro 6. (A6, B6, C6, etc.)
Total_____

Catégorie 7 : Additionnez le nombre de cases cochées pour tous les énoncés portant les numéros 2 et 7. (A2, A7, B2, B7, C2, C7, etc.)
Total_____

Catégorie 8 : Additionnez le nombre de cases cochées pour tous les énoncés portant les numéros 3 et 8. (A3, A8, B3, B8, C3, C8, etc.)
Total_____

Les points pour les catégories 1 à 6 peuvent totaliser 0 à 8. Ceux des catégories 7 et 8 varient de 0 à 16. Un total élevé dans l'une ou l'autre de ces catégories indique une tendance à se laisser prendre aux pièges cognitifs énoncés dans le cadre de ce test.

Catégorie 1 : Les suppositions

Un total élevé dans cette catégorie indique une tendance à faire des suppositions au sujet des sentiments, de l'attitude et des motivations d'autrui, sans en avoir de preuves. La personne qui divorce est portée à imaginer les réactions de ses parents et de ses amis. Cette habitude peut devenir problématique si vous refusez d'entendre la vérité, quelle qu'elle soit. Vous supposez le pire, vous anticipez de subir la désapprobation et le rejet des autres. Parce que vous vous attendez à souffrir, vous battez en retraite ou vous vous placez sur la défensive. À force d'y croire, vos suppositions en viennent à se réaliser : ce que vous attendiez se produit.

Un sondage effectué auprès de personnes divorcées (McKay *et al.* 1984) a révélé qu'un quart des répondants se disaient d'accord avec l'énoncé : « On me méprisera en secret. » C'est là une perception dangereuse ; elle peut conduire à l'angoisse et à la dépression. Vous avez perdu toute estime de soi et vous appréhendez d'être rejeté.

Pour combattre la tendance à la supposition, ne prêtez aucune intention aux personnes de votre entourage, sous aucune considération. Acceptez ce qu'on vous dit et ne supposez rien tant que vous n'en aurez pas de preuve. Dites-vous que vos suppositions à leur sujet ne sont que des hypothèses qu'il vous faudra mettre à l'épreuve en interrogeant ces personnes. Rencontrez personnellement chacun des membres de votre famille et de votre groupe d'amis et demandez-leur ce qu'ils pensent de votre divorce.

Catégorie 2 : La généralisation

Un total élevé dans cette catégorie indique une tendance à généraliser et à laisser un ou deux détails négatifs influencer votre jugement. La personne qui généralise rejette tout ce qui contredit son opinion en faveur d'un point de vue unidimensionnel et figé. L'ennui est que la généralisation vous fait considérer les personnes comme des objets. Plutôt que des êtres complexes et pluridimensionnels, elles ne sont plus que la représentation d'un aspect négatif unique. La généralisation alimente le ressentiment. Il est beaucoup plus simple de rejeter un « égoïste » ou un « perdant » qu'une personne entière.

Cette catégorie touche les généralisations qui affectent autrui, mais vous pouvez aussi vous causer énormément de tort en les appliquant à vous-même. Dans le sondage McKay, un tiers des répondants se sont dits d'accord avec l'énoncé : « Je suis un perdant puisque j'ai divorcé. » Dire que vous êtes un perdant, un rien du tout ou un imbécile ne peut qu'aggraver votre dépression.

Le résultat de la généralisation est simple : vos opinions négatives sur les autres augmentent votre ressentiment et votre dégoût. Vos opinions négatives sur vous-même vous culpabilisent et vous convainquent que vous ne valez rien.

L'antidote consiste à limiter votre description des autres (ou de vous-même) à des comportements précis. Votre ex-femme n'est pas une salope ; elle perd patience lorsque vous négociez votre pension alimentaire. C'est tout. Vous n'êtes pas un rien du tout ; vous subissez le traumatisme d'un divorce. Si vous bannissez la généralisation, vous nourrirez moins de ressentiment envers les autres et moins de mépris envers vous-même.

Catégorie 3 : L'extrapolation

Un total élevé dans cette catégorie indique une tendance à tirer des conclusions générales en se basant sur des cas isolés ou peu évidents. Lorsque vous extrapolez, vous affirmez avec certitude que des lois immuables vous empêchent d'être heureux. Les mots clés sont les suivants : *tous, chacun, jamais, toujours, tout le monde, personne, rien, totalement* et *continuellement*.

L'extrapolation est une attitude défaitiste qui suscite votre appréhension. Lorsque vous vous dites : « Je suis *toujours* déprimé », vous pénétrez plus avant dans cet état dépressif. Lorsque vous dites « Je ne me sentirai plus *jamais* en sécurité », vous intensifiez vos peurs. Les mots *toujours* et *jamais* colorent très négativement vos paroles. Dire « Je ne me sens pas en sécurité », c'est une chose ; dire « Je ne me sentirai *jamais* en sécurité », c'est vous condamner à une vie entière de souffrance.

Dans le sondage McKay, un quart des personnes divorcées se sont dites d'accord avec les énoncés « Je serai *toujours* seul » et « Je ne trouverai *jamais* personne d'autre ». De telles affirmations paralysent et abattent ceux qui les prononcent et finissent par se réaliser : puisque vous ne vous attendez pas à rencontrer quelqu'un, pourquoi vous donneriez-vous la peine de chercher ?

Certaines extrapolations nuisent à l'ensemble de vos relations. Si vous dites « Aucun homme n'est digne de foi », « Toutes les femmes sont possessives », « Les hommes ne pensent qu'au sexe » ou « Les femmes ne pensent qu'à l'argent », vous vous aliénez l'autre sexe.

Combattez la tendance à l'extrapolation en bannissant ses mots clés de votre vocabulaire. Assurez-vous aussi que vos conclusions se fondent sur des preuves suffisantes. Si elles vous sont inspirées par des cas isolés ou qu'elles naissent d'une simple intuition, rejetez ces conclusions tant que vous ne détiendrez pas des preuves suffisantes de leur exactitude. Évitez les absolus. Reconnaissez qu'il peut y avoir des exceptions et des nuances. Employez les mots *parfois, peut-être, souvent*.

Catégorie 4 : Le filtrage

Un total élevé dans cette catégorie indique une tendance à ne s'intéresser qu'au pire dénouement possible à l'exclusion de tout le reste. Filtrer, c'est regarder par le petit bout de la lorgnette. La personne divorcée exagère ses peurs et ses pertes. Lorsqu'on filtre, on ne voit pas le soleil, on ne voit que les nuages. On magnifie ses appréhensions et ses peurs jusqu'à ce qu'elles en viennent à effacer tout ce qui les entoure. Les mots clés du filtrage sont *terrible, épou-*

vantable et *horrible*. Les expressions clés sont « Je ne le supporte pas », « Je me désagrège » et « Je suis complètement à l'envers ». Lorsque vous exagérez tout ainsi, votre anxiété et votre dépression sont aggravées d'autant.

Un quart des répondants au sondage de McKay se sont dits d'accord avec l'énoncé : « J'ai gâché ma vie. » Voilà un exemple de filtrage. Nous avons connu des hauts et des bas, mais nous ne nous rappelons que les bas. La douleur du divorce efface tous les bons souvenirs.

Pour cesser tout filtrage, chassez de votre esprit des pensées telles que « Je ne le supporte pas » ou « C'est terrible, c'est horrible ». La vérité est que vous *pouvez* le supporter. L'histoire montre que l'humanité est capable de supporter à peu près n'importe quoi. Vous pouvez survivre à tout ou presque. Au lieu de dire « Je ne le supporte pas », dites « Ce n'est pas la peine d'exagérer » et « Je suis capable d'affronter ça ». Les personnes qui filtrent doivent aussi fixer leur attention sur autre chose. Il existe deux façons d'y parvenir. Vous pouvez vous concentrer sur des stratégies qui vous permettront d'affronter la situation plutôt que de vous concentrer sur le problème lui-même, ou encore vous attarder au revers de votre obsession. Si le danger vous obsède, efforcez-vous de penser aux choses qui représentent pour vous le confort et la sécurité. Si la perte vous obsède, concentrez-vous sur ce que vous possédez. Si l'injustice vous obsède (« Je me suis fait avoir »), songez à toutes les fois où l'on vous a traité équitablement.

Catégorie 5 : L'auto-accusation

Un total élevé dans cette catégorie indique une tendance à assumer une responsabilité excessive à l'égard de la souffrance de l'ex-conjoint et de la faillite du couple. Vous croyez que tout est votre faute. Vous vous blâmez pour toutes les erreurs, vous vous reprochez votre manque de sensibilité, vous vous accusez de ne pas avoir tout tenté, mieux aimé et ainsi de suite. Les personnes qui se laissent prendre à ce piège cognitif portent le poids du monde sur leurs épaules. Elles doivent redresser tous les torts, rencontrer tous les besoins, panser toutes les blessures. Si elles ne le font pas, elles se sentent coupables.

Dans le sondage McKay, un tiers des personnes divorcées se sont dites d'accord avec l'énoncé : « Si seulement je n'avais pas (complétez), tout irait pour le mieux. » De telles affirmations engendrent la culpabilité. Elles vous rendent responsable de la rupture et ne tiennent pas compte des aspects interactifs de toute relation.

En vous blâmant pour les malheurs de votre ex-conjoint, vous vous accordez aussi une plus grande importance. En réalité, vous dites : « Je suis plus responsable de ta vie que tu ne l'es toi-même... Ton bonheur dépend davantage de moi que de toi... Sans moi, tu ne peux rien. » Sachez que votre ex-conjoint partage avec vous la responsabilité de l'échec de votre mariage. Vous devez accepter tous deux les conséquences de vos choix. En assumant tout le blâme, vous faites de votre ex-conjoint un enfant qui ne peut pas se tirer d'affaire sans vous. Vous lui niez sa maturité.

Catégorie 6 : Les obligations morales

Un total élevé dans cette catégorie indique une rigueur excessive en ce qui a trait aux pensées, aux sentiments, aux comportements dits acceptables. Cette sévérité morale met un frein aux réactions saines, naturelles et indispensables à certaines étapes du divorce. Les expressions clés qui signalent la présence de ce piège cognitif sont *il faudrait, il est nécessaire, je devrais, il convient de*.

L'ennui avec les obligations morales est que celles-ci vous portent à des actions ou à des inactions contraires à votre bien-être. Un tiers des répondants au sondage ont affirmé : « Même si je n'en ai pas envie, je *devrais* inviter des hommes/femmes à sortir. » Un autre tiers s'est dit d'accord avec l'énoncé suivant : « Ma nouvelle liberté *devrait* me réjouir davantage. » Ces obligations morales peuvent vous inciter à adopter un comportement peu approprié. Par exemple, vous n'êtes peut-être pas prêt à nouer de nouvelles relations affectives. En vous forçant à profiter de votre « nouvelle liberté », vous pourriez nuire au processus indispensable du deuil.

L'antidote consiste à éviter les expressions clés. Faites preuve de flexibilité et ayez des attentes qui tiennent compte des exceptions et des circonstances particulières. L'affirmation suivante : « Je ne devrais pas appréhender mon indépendance et ma solitude », équivaut à une camisole de force psychologique : vous pourriez en venir à nier votre besoin de sécurité. Il serait préférable de dire « J'aimerais apprendre à devenir une personne plus autonome » ou « J'espère que ma solitude me pèsera moins avec le temps ». Par ces énoncés, vous reconnaissez que le processus de guérison n'est pas terminé et que rien ne vous oblige à atteindre instantanément vos objectifs. Vous aurez sans doute apprivoisé votre solitude dans cinq mois ou cinq ans. Aujourd'hui, vous dépendez des autres, et c'est très bien ainsi. L'emploi du verbe *devoir* vous pousse à nourrir des attentes prématurées et irréalistes.

Catégorie 7 : Le rejet du blâme sur autrui

Un total élevé dans cette catégorie indique une tendance à rejeter sur autrui le blâme pour toutes vos souffrances, vos pertes et vos échecs. C'est la faute de votre ex-conjoint si vous êtes seule, si vous souffrez et si vous avez peur. Cette tendance prend sa source dans la certitude que vous ne pouvez pas subvenir à vos propres besoins émotionnels. Vous êtes la victime de l'égoïsme et de l'insensibilité des autres.

En rejetant le blâme sur autrui, vous évitez d'assumer votre part de responsabilité dans la rupture. Tant que vous concentrez votre attention sur les défauts de votre ex-conjoint, vous ne voyez pas les vôtres. Tant que vous êtes en colère, vous évitez la dépression. Dans l'Échelle de perception du divorce, la généralisation est incluse dans le rejet du blâme sur autrui. Si votre ex-femme est une « salope » ou votre ex-époux un « imbécile », vous êtes sans défaut. La cruauté vient de lui ou d'elle ; la bonté vient de vous.

Dans le sondage McKay, un tiers des répondants se sont dits d'accord avec les énoncés suivants : « Il/elle m'a rendu(e) malheureux/malheureuse et a ruiné notre mariage » et « J'étais trop bon/bonne pour elle/lui. » De telles affirmations alimentent le ressentiment et nuiront à la bonne entente essentielle à un coparentage efficace.

Pour combattre cette tendance à rejeter le blâme sur autrui, concentrez-vous plutôt sur vos propres décisions. Vous avez choisi d'épouser votre ex-conjoint et vous avez toléré un mariage malheureux, du moins pendant un certain temps. Vous avez choisi vous-même les solutions à vos problèmes de couple. Vous êtes responsable de vos choix. Dans une certaine mesure, la souffrance qui est aujourd'hui la vôtre est aussi votre responsabilité.

Catégorie 8 : La dramatisation

Un total élevé dans cette catégorie indique une tendance à exagérer les dangers potentiels. Vous êtes obsédé par le drame. La personne divorcée recourt parfois à ce piège cognitif pour envisager un avenir prodigue de catastrophes. La dramatisation prend souvent naissance dans l'expression « Qu'arrivera-t-il si...? » : « Qu'arrivera-t-il si mes amis me rejettent ? » « Qu'arrivera-t-il si mes enfants sont traumatisés ? » « Qu'arrivera-t-il si je suis seul pour le reste de mes jours ? » Certes, ces pensées sont terrifiantes. Mais plus vous vous laissez obséder par elles, plus vous permettez à l'angoisse de prendre racine en vous.

Dans l'Échelle de perception du divorce, la dramatisation inclut l'extrapolation. « Je n'aurai jamais une vie de couple heureuse » est un fantasme irréaliste de catastrophe. En disant *jamais,* vous assumez que toutes vos relations obéiront au même schéma.

Dans le sondage McKay, un quart des répondants se sont dits d'accord avec l'énoncé suivant : « Je ne le supporterai pas. » Une telle dramatisation des faits contribue à rehausser un niveau d'anxiété déjà élevé. Les inquiétudes financières conduisent souvent à la dramatisation. Un quart des répondants se sont dits d'accord avec l'énoncé suivant : « Financièrement, je serai dans la dèche. » Le divorce exacerbe les problèmes financiers du couple, mais presque tous y *survivent.* Lorsque vous remettez en question votre instinct de survie, vous intensifiez votre anxiété et vous entravez votre aptitude à résoudre les problèmes.

Notez que la dramatisation est toujours tournée vers l'avenir. Tout ira de mal en pis. Le désastre est au tournant. Un avenir chargé de dangers et de souffrance accroît l'anxiété.

Pour freiner la tendance à la dramatisation, vous devez renoncer à l'expression « Qu'arrivera-t-il si...? » Pensez plutôt en termes de probabilités. Quel est le pourcentage de risque que cette catastrophe se produise ? Un sur un million ? Un sur mille ? Un sur cent ? Pendant la journée, lorsque les soucis vous étreignent, inscrivez-les sur une feuille de papier et attribuez à chacun un pourcentage de risque. Dans la soirée, bien calé contre vos oreillers, relisez cette liste et rectifiez ces pourcentages en fonction de votre humeur. Lorsque vous verrez la catastrophe inévitable de 15 heures devenir peu probable à 23 heures, vous échapperez plus facilement au pouvoir de la dramatisation.

Le contraire de la dramatisation peut également se révéler problématique. Certaines personnes voient la vie en rose après un divorce. Elles s'imaginent qu'une nouvelle relation amoureuse les sauvera, qu'un prince charmant ou une déesse viendra à leur secours. Ils rêvent de nuits torrides et de rencontres extraordinaires. Ces attentes irréalistes se soldent parfois par d'amères déceptions. Le prince charmant a des pieds d'argile, les nuits torrides sont d'un ennui mortel, la nouvelle amoureuse ressemble à s'y méprendre à l'ex-conjointe.

Quand vous parviendrez à identifier votre tendance à la supposition, à la généralisation, à l'extrapolation, au filtrage, à l'auto-accusation, aux obligations morales, au rejet du blâme sur autrui et à la dramatisation, vous pourrez commencer à combattre ces pensées négatives et à leur substituer des pensées réalistes et fonctionnelles. Quand vous saurez reconnaître les pièges cognitifs auxquels vous êtes le plus vulnérable, vous pourrez commencer à transformer votre voix intérieure. L'exercice ci-dessous vous aidera à transformer vos pensées négatives, irréalistes et inexactes en monologues positifs ancrés dans la réalité.

EXERCICE 22 : LA TRANSFORMATION DE LA PETITE VOIX PAR L'AFFIRMATION

Avant d'être en mesure de transformer votre voix intérieure, vous devez connaître la nature des messages qu'elle vous transmet.

Étape 1 : Pendant une semaine, concentrez-vous sur les messages de votre petite voix et notez-les. Écoutez votre voix intérieure.

Étape 2 : Avec un marqueur jaune, surlignez vos commentaires négatifs. Recherchez les énoncés qui commencent par « Je ne peux pas… », « Je ne mérite pas… », « Je suis un(e) vrai(e)… », « J'aurais dû… », « J'aurais pu… », « Si seulement… ». Surveillez les énoncés irrationnels, les généralisations et les mots tels que *jamais* et *toujours*. Soyez à l'affût des suppositions, des généralisations, des extrapolations, du filtrage, de l'auto-accusation, des obligations morales, du rejet du blâme sur autrui et de la dramatisation. Quand vous aurez pris conscience de vos tendances, substituez-leur des pensées positives.

Étape 3 : Rédigez une liste d'affirmations. Le spécialiste de l'estime de soi Jack Canfield suggère de tenir compte des aspects suivants :

- Commencez votre phrase par une affirmation : «Je peux...», «Je suis...» ou «Je mérite...»
- Écrivez au présent : «Je suis un père aimant.»
- Soyez bref, clair et précis.
- Faites référence à vos forces.
- Employez des verbes d'action.
- Employez des termes qui décrivent des émotions positives : heureux, fier, paisible, détendu.
- Les affirmations doivent concerner les aspects de votre vie qui vous appartiennent en propre. Puisque vous ne contrôlez pas la vie de votre ex-conjoint, ne l'incluez pas dans vos affirmations. Ne dites pas : «Mon ex me casse les pieds»; dites : «J'exprime ce que je ressens d'une manière équilibrée et productive.»

Étape 4 : Quand vous aurez rédigé une affirmation, fermez les yeux et dites-la plusieurs fois de suite.

Étape 5 : Recopiez vos affirmations sur des autocollants que vous poserez un peu partout dans la maison. (Prévenez vos enfants de ce que vous comptez faire, sans quoi ils se demanderont pourquoi vous tapissez la maison de bouts de papier. Dites-leur que vous vous efforcez d'être bien avec vous-même.)

Étape 6 : Lorsqu'une idée pessimiste s'empare de vous, mettez-y le holà. Remplacez-la sur-le-champ par une affirmation. Si vous entendez votre petite voix vous dire : «Je suis une mère dégénérée. Je n'arrête pas de réprimander Gabrielle», dites-vous : «J'ai glissé un petit mot dans le casse-croûte de ma fille aujourd'hui. Quand elle le lira, elle saura que je l'aime.»

Étape 7 : Songez à ce qui vous réussit en tant que parent et remédiez à vos erreurs au lieu de vous fustiger de les avoir commises.

Ne croyez pas tout ce qu'on vous dit

Eleanor Roosevelt a dit un jour : «Personne ne peut vous donner un complexe d'infériorité sans votre permission.» Les jugements critiques de votre ex-conjoint ne vous affecteront que si vous les croyez justes. Si l'on vous dit: «Tu es trop permissif avec tes enfants», dites-vous: «J'ai mes priorités. C'est moi qui décide quand il faut les punir.» Si votre ex-conjoint vous dénigre, offrez-vous un compliment. Inspirez-vous de la liste d'affirmations de l'exercice 20 (chapitre précédent) pour remplacer vos pensées négatives par des pensées positives. Ne permettez pas aux autres de choisir l'image que vous avez de vous-même.

Joignez-vous à un groupe de soutien

La participation à un groupe de soutien peut vous être d'un grand secours. Ces groupes réunissent des adultes qui, comme vous, vivent l'expérience du divorce et qui s'aident les uns les autres à reconnaître que leurs émotions sont normales et à les assumer. Le fait de venir en aide à quelqu'un d'autre contribuera à rehausser votre estime de soi. Certains groupes préconisent un programme en plusieurs étapes, d'autres invitent des conférenciers. Le nombre des participants et leur âge varient d'un groupe à l'autre. Optez pour un groupe avec lequel vous avez des affinités et au sein duquel vous vous sentirez à l'aise. Les CLSC, les annonces des quotidiens, les hôpitaux, les centres communautaires, les cliniques familiales possèdent des répertoires de ces groupes de soutien.

Si vous ne parvenez pas à vous débarrasser de votre ressentiment, de votre tristesse, de votre sentiment de culpabilité ou de vos appréhensions, vous pourriez bénéficier de l'aide d'un thérapeute. Le chapitre suivant vous aidera à décider si cette approche vous convient et vous guidera dans la recherche d'un thérapeute compétent.

Sur le site Web Cyber Nation International Inc., où j'ai déniché plusieurs des citations incluses dans cet ouvrage, on raconte que, lorsque Thomas Edison est décédé, un de ses amis a trouvé dans son bureau la note suivante: «Quand tu crois te noyer, pense à Jonas dans la baleine. Il s'en est bien tiré.» Partout dans le monde, des milliers de personnes ont surmonté la douleur du divorce. Vous la surmonterez aussi, tout comme vous avez surmonté la perte de votre premier animal de compagnie ou la fin de votre premier amour, même si vous aviez cru en mourir. Avec du temps et des efforts, votre peine s'apaisera et vous découvrirez que la vie vous offre encore et toujours de nombreuses occasions de vous développer et de vous réaliser pleinement.

13

La thérapie

POINTS SAILLANTS

- Si vous ou vos enfants courez le risque de vous blesser, consultez sur-le-champ un spécialiste.
- La thérapie peut vous aider et aider vos enfants à assumer votre divorce.
- Si vos symptômes de dépression, d'anxiété ou de confusion ne s'estompent pas, vous ou vos enfants pourriez avoir besoin de l'aide d'un thérapeute.

Au début de ma carrière de thérapeute, quelques-uns des enfants qui me consultaient m'appelaient leur « psy ». Je suis heureuse de dire que, maintenant, la plupart d'entre eux m'ont surnommée « Docteur soucis », car je les aide à se débarrasser de leurs soucis. Les attitudes ont beaucoup évolué. On n'associe plus exclusivement la thérapie aux maladies mentales. À la réunion des anciens de mon école, plusieurs de mes camarades de classe d'autrefois, apprenant que j'étais devenue thérapeute, avouèrent avoir été eux-mêmes en thérapie et en avoir bénéficié. Des gens de tous les milieux et de tous les groupes ethniques et socioéconomiques sollicitent l'aide de thérapeutes. La plupart de mes clients sont des gens parfaitement normaux qui éprouvent des difficultés à faire face à un problème ou à un changement spécifique dans leur carrière, dans leurs études, dans leurs relations familiales ou sociales. Plusieurs sont déprimés ou anxieux, ou souffrent de troubles du comportement qui affectent leur vie familiale ou sociale.

Le thérapeute est votre guide dans le processus de guérison. Il vous aide à surmonter vos anciennes blessures et vos traumatismes passés. Il peut vous aider à rehausser votre estime de soi, à découvrir un nouveau sens à votre vie et de nouvelles valeurs. La thérapie peut vous aider à trouver en vous le courage de foncer. Les thérapeutes ont à leur disposition toute une variété d'approches pour vous aider à trouver en vous-même les réponses à vos interrogations et la solution à vos problèmes. Chaque séance dure environ cinquante minutes. Le nombre des séances varie selon vos besoins et le style de thérapie pratiquée. De nombreux thérapeutes favorisent une thérapie à court terme d'une durée totale de dix séances ou moins. La plupart du temps, les séances sont hebdomadaires au début, puis s'espacent à la mesure de vos progrès.

Pour certains, les thérapeutes sont des « conseillers ». Je préfère le mot *thérapeute*, car je considère que la thérapie est un processus qui comprend un début, un milieu et une fin. Lors de votre première rencontre, le thérapeute discutera avec vous du coût des séances, vous posera quelques questions sur votre vie et voudra savoir pourquoi vous sollicitez son aide. Il abordera également la question de la confidentialité des séances. Je dis aux enfants que la confidentialité est un secret à sens unique. Le thérapeute n'est pas autorisé à discuter de votre cas avec qui que ce soit, sans votre consentement écrit. Mais vous avez le droit de dévoiler à qui bon vous semble le contenu de ces séances. Le thérapeute n'a le droit d'enfreindre la confidentialité que dans les cas où il soupçonne un enfant d'être victime de négligence ou de violence, ou s'il croit que vous êtes une menace pour votre vie ou celle de quelqu'un d'autre. Lors de la première séance et des rencontres subséquentes, vous et le thérapeute déciderez des objectifs de cette thérapie, à court et à long terme. Il pourrait vous demander de signer un contrat qui entérine ces objectifs.

À mesure que progressera votre thérapie, vous analyserez plus en détail vos émotions et vos pensées. Le thérapeute vous demandera depuis quand vous êtes confronté au problème pour lequel vous avez consulté. Vous lui direz quelles personnes lui sont associées et comment vous avez tenté de le surmonter jusqu'à présent. Vous travaillerez ensuite ensemble à sa résolution. Il pourrait arriver que, au lieu de se concentrer sur vos problèmes, le thérapeute vous aide à identifier les solutions auxquelles vous recourez d'habitude et vous encourage à les mettre en pratique plus souvent si celles-ci vous sont profitables. Le thérapeute pourrait vous donner des devoirs à faire entre deux séances dans le but de hâter votre guérison. Quand vous sentirez tous les deux que vous êtes prêts à mettre fin à la thérapie, vous discuterez ensemble des moyens à prendre pour persister dans les changements que vous êtes parvenu à instaurer dans votre vie.

La thérapie et les enfants

Si l'extériorisation des émotions de votre enfant vous préoccupe ou s'il éprouve de la difficulté à s'adapter au divorce, envisagez de consulter un thérapeute. La thérapie peut aider vos enfants à accepter, à comprendre et à exprimer ce qu'ils ressentent.

Le thérapeute vous recommandera une thérapie individuelle, de groupe ou familiale. Les séances individuelles mettent en présence le thérapeute et l'enfant. Dans la thérapie familiale, les autres membres de la famille, y compris les frères et sœurs, participent ensemble aux séances. En thérapie de groupe, d'autres enfants du même âge, qui affrontent des problèmes similaires, se rencontrent pour discuter d'un problème spécifique sous la direction du thérapeute qui agit alors comme modérateur. Certaines institutions d'enseignement et certains services d'aide aux familles proposent des groupes de soutien aux enfants de parents divorcés. Ces groupes de soutien permettent aux enfants de surmonter leur sentiment de honte et de comprendre qu'ils ne sont pas seuls.

« Lorsque j'ai suggéré à Anita de consulter un thérapeute, elle m'a répondu: «"Pourquoi aurais-je besoin de voir un psy? Je ne suis pas folle!" Je lui ai dit que non, elle n'était pas folle, mais que peut-être cela lui ferait du bien de pouvoir confier à quelqu'un à quel point mon divorce avait été difficile pour elle. Je lui demandais seulement de rencontrer le thérapeute au moins une fois. Si elle refusait ensuite de retourner le voir, je ne l'y forcerais pas. Elle a accepté de rencontrer le thérapeute, mais elle m'a assuré qu'elle ne lui dirait rien. "Comme tu voudras", ai-je répondu. Après la première séance, elle a accepté de continuer sa thérapie. Elle a vu le thérapeute pendant environ quatre mois. Elle ne m'a jamais parlé de ces séances, mais j'ai constaté un changement dans son comportement. Elle était moins maussade, ses résultats scolaires s'amélioraient. Lorsque son père ne se présentait pas à l'un de leurs rendez-vous, elle téléphonait à une amie et planifiait une sortie au lieu de passer la journée à l'attendre. » (Marthe, mère d'une jeune fille de quatorze ans)

Certains enfants, surtout à l'adolescence, se montreront réticents à consulter un thérapeute. Vous éveillerez leur curiosité si vous leur rappelez que la thérapie a pour but de les aider à résoudre les problèmes qui les font souffrir ou leur causent de l'anxiété. Lorsqu'un enfant refuse la thérapie, je demande aux parents de le convaincre de participer à au moins une rencontre. Habituellement, une séance suffit à abattre sa résistance, car il constate que le thérapeute ne le juge pas.

« Je me demande pourquoi je débourse quatre-vingt-dix dollars de l'heure pour que Geneviève puisse jouer à la poupée. »

(Étienne, père d'une fillette de dix ans) L'approche thérapeutique est différente pour les jeunes enfants et les adultes. Avec les jeunes enfants, le thérapeute occupe une part importante de la séance à jouer, à colorier ou à lire des histoires à l'enfant. Le jeu est le moyen d'expression de prédilection des enfants, et c'est pour cette raison que le thérapeute y recourt dans le but d'aider les jeunes enfants à affronter leurs problèmes. Par exemple, Geneviève ne parvenait pas à dire ce qu'elle ressentait depuis le divorce de ses parents. Je me suis servie de poupées pour l'aider à s'extérioriser. Elle alla placer la poupée-papa à l'autre extrémité de la pièce en lui disant : «Ceci est ta nouvelle maison.» Je demandai ensuite à Geneviève comment réagissaient la poupée-garçon et la poupée-fillette au départ de leur papa. Geneviève ne parvenait pas à parler de ses propres réactions au divorce, mais elle n'avait aucune difficulté à exprimer celles des poupées. Quand je lui demandai ce qui consolerait la poupée-garçon et la poupée-fillette, elle fit jouer la saynète suivante aux poupées : la poupée-fillette téléphone à la poupée-papa pour lui dire qu'elle a envie de le voir. La poupée-papa monte ensuite dans la voiture jouet et se rend à la maison de poupée pour inviter la poupée-garçon et la poupée-fillette à déjeuner au restaurant.

«Mon ex-mari et moi participerons-nous à la thérapie de mon fils?» (Jeanne, mère d'un garçon de sept ans) L'attitude varie d'un thérapeute à l'autre en ce qui concerne la participation des parents. Un thérapeute pourrait décider que toute la famille participe aux séances. D'autres préféreront rencontrer les parents en l'absence de l'enfant. Discutez de votre rôle avec le thérapeute et de sa politique quant au dévoilement du contenu des séances. Prévenez votre ex-conjoint du fait que votre enfant suivra une thérapie et transmettez-lui le nom et le numéro de téléphone du thérapeute.

Pour déterminer si votre enfant bénéficierait d'une thérapie, faites l'exercice suivant.

EXERCICE 23 : MON ENFANT REQUIERT-IL UNE THÉRAPIE ?

Si votre enfant a tenté de se faire du mal, consultez immédiatement un thérapeute. Il existe de nombreux centres téléphoniques de détresse où les enfants et les adolescents peuvent trouver de l'aide vingt-quatre heures sur vingt-quatre. Vous trouverez leurs numéros de téléphone dans les premières pages de votre annuaire ou en consultant les services d'urgence de l'hôpital le plus près de chez vous.

Si votre réponse à l'une ou l'autre des questions ci-dessous est affirmative, vous devriez faire évaluer votre enfant par un thérapeute.

1. Mon enfant semble-t-il vouloir se blesser ?
   Mon enfant parle-t-il de se suicider ?
   Mon enfant dit-il qu'il désire mourir ?
   Mon enfant s'est-il infligé des blessures par le passé ?
2. Mon enfant boit-il ? Se drogue-t-il ?
3. Mon enfant allume-t-il des incendies ?
4. Mon enfant s'adonne-t-il à des activités délinquantes (vol, vandalisme, assaut, etc.) ?
5. Mon enfant s'est-il enfui de la maison ?
6. Mon enfant a-t-il été victime de violence physique ou sexuelle ?
7. Mon enfant est-il cruel envers les personnes ou les animaux ?
8. Mon enfant refuse-t-il d'aller à l'école ? Résiste-t-il à toutes mes tentatives de l'y mener ?
9. Mon enfant a-t-il perdu plus de 15 p. 100 du poids normal pour un enfant de son âge et de sa taille ?
10. Mon enfant se goinfre-t-il pour vomir ensuite ? Fait-il usage de laxatifs, de diurétiques ? Se soumet-il à un régime sévère ? Jeûne-t-il afin de perdre du poids ?

Une thérapie pourrait être bénéfique si vous répondez par l'affirmative à l'une ou l'autre des questions suivantes.

1. Les membres de ma famille ou mes amis ont-ils laissé entendre que mon enfant aurait besoin de consulter un thérapeute ?
2. Les conseillers pédagogiques, les enseignants ou les médecins de mon enfant m'ont-ils conseillé de faire évaluer mon enfant par un thérapeute ?

3. Ai-je l'impression que l'aide de ma famille et de mes amis ne me suffit pas pour venir à bout du comportement de mon enfant?
4. Mon enfant a-t-il exprimé le désir de consulter un thérapeute?

La plupart des symptômes ci-dessous sont normaux lors d'un divorce ou à l'adolescence. Mais s'ils persistent, consultez le conseiller de l'école ou un thérapeute.

1. Y a-t-il eu des changements notables dans la personnalité de mon enfant?
2. Mon enfant a-t-il des problèmes de comportement importants et fréquents qui ne changent pas malgré tous mes efforts et en dépit des récompenses, des punitions ou des explications?
Ces comportements incluent la tendance à mentir de plus en plus souvent, la désobéissance, l'habitude de manipuler les parents et de provoquer des conflits entre eux, le refus d'assumer la responsabilité de ses problèmes, le rejet du blâme sur les autres, le vandalisme ou une baisse notable des résultats scolaires.
3. Mon enfant évite-t-il de jouer avec des amis de son âge en dépit du fait que ceux-ci soient nombreux?
4. Mon enfant semble-t-il déprimé?
Semble-t-il léthargique ou très fatigué?
Refuse-t-il de se lever le matin ou d'aller à l'école plus souvent qu'auparavant?
Éprouve-t-il de la difficulté à se concentrer à l'école? Semble-t-il plus irritable qu'à son habitude?
Mon enfant s'isole-t-il de sa famille et de ses amis?
Est-il pessimiste quant à son avenir?
Se désintéresse-t-il des activités qui lui plaisaient auparavant?
Ai-je noté des changements importants dans ses habitudes alimentaires ou de sommeil?
Éprouve-t-il de la difficulté à s'endormir? Dort-il plus longtemps que la normale?
5. Mon enfant semble-t-il anxieux ou inquiet à l'excès?
Après une année complète de continence, a-t-il recommencé à mouiller son lit?
A-t-il commencé à se ronger les ongles, à se curer le nez, à bégayer, à développer d'autres tics nerveux?
Semble-t-il nourrir des inquiétudes persistantes, excessives ou irréalistes à propos d'événements futurs?

Mon enfant se plaint-il sans cesse de malaises divers, en dépit d'un bilan de santé excellent (par exemple, maux de tête, maux d'estomac) ?

Mon enfant semble-t-il nourrir des inquiétudes persistantes, excessives ou irréalistes en ce qui me concerne ?

6. Mon enfant extériorise-t-il ses sentiments envers une personne de la famille en particulier (taquineries excessives, insultes, coups, crachements, morsures, lancers d'objets) ?
7. Mon enfant perd-il souvent patience ?
8. Mon enfant se sent-il :
   Écartelé entre son père et sa mère ?
   Seul ou isolé ?
   Mal à l'aise en compagnie de quelqu'un de sa famille biologique ou de sa belle-famille ?
   Coupable, irritable, furieux ou inquiet depuis longtemps et de façon très intensive ?
9. Mon enfant résiste-t-il toujours à l'autorité parentale ?
10. Mon enfant fait-il souvent des cauchemars intenses ?
11. Est-il terrifié à la pensée d'être séparé de moi ?
12. Semble-t-il avoir perdu toute estime de lui-même ?
    Répète-t-il sans arrêt qu'il ne s'aime pas ou qu'il ne vaut rien ?
    Répète-t-il sans arrêt qu'il est laid, gros ou stupide ?
    Se sent-il mal-aimé ou délaissé par les autres ?
    Nourrit-il des inquiétudes excessives ou irréalistes quant à ses compétences sportives, scolaires ou sociales ?
13. Mon enfant éprouve-t-il de la difficulté à exprimer ou à recevoir de l'affection ?

Dans la section Notes personnelles, dites quels bienfaits vous aimeriez que votre enfant retire d'une thérapie.

Ai-je besoin d'une thérapie ?

« Au début de ma séparation, j'avais l'impression que ma vie était sens dessus dessous. Je ne savais plus différencier le normal de l'anormal. Ma voisine m'a conseillé de consulter un thérapeute. Je ne croyais pas en être rendue à ce point, mais elle m'a assuré que des tas de gens tout à fait normaux consultent des thérapeutes. Elle-même avait fait appel à l'un d'eux lors de son divorce. J'ai suivi son conseil pendant quelques mois seulement, mais cela a suffi pour que je puisse traverser sans trop de peine les moments les plus difficiles de mon divorce. » (Catherine, trois enfants) Tout autant que les enfants, les adultes peuvent se sentir déprimés, anxieux ou confus. Le divorce est un deuil ; il est normal d'en souffrir. La colère, la tristesse et la peur sont parfois si intenses que vous croyez devenir fou. Ces émotions en dents de scie sont normales, mais l'aide d'un thérapeute professionnel peut vous être d'un grand secours, surtout si vous ne notez aucune amélioration de votre état dépressif ou de votre anxiété. Un divorce entraîne des changements majeurs dans une vie. Un grand nombre d'hommes et de femmes peuvent bénéficier du soutien et de l'aide que leur procure une thérapie.

L'exercice ci-dessous vous aidera à déterminer si vous pourriez bénéficier de l'aide d'un thérapeute.

EXERCICE 24 : AI-JE BESOIN DE CONSULTER UN THÉRAPEUTE ?

Si vous répondez par l'affirmative aux questions suivantes, vous devriez consulter un thérapeute.

1. M'arrive-t-il d'avoir envie de me faire du mal ?
2. Fais-je usage de médicaments ou de l'alcool dans le but de m'engourdir ?

Si vous répondez par l'affirmative à plus d'une des questions ci-dessous, vous devriez consulter un thérapeute.

1. Des amis ou des membres de ma famille m'ont-ils suggéré de consulter un thérapeute ?
   Mes amis et ma famille s'inquiètent-ils à mon sujet ?
   Me conseillent-ils de consulter un thérapeute ?
2. Est-ce que je m'efforce de faire face aux mêmes vieux problèmes ?
   Ai-je l'impression d'être dans une impasse ?
   Est-ce que je passe une partie de la nuit à ruminer de vieux problèmes ?
3. Suis-je la plupart du temps anxieux ?

Est-ce que je m'inquiète sans arrêt de ce qui pourrait survenir?

Mes inquiétudes nuisent-elles à mon travail?

Mes inquiétudes nuisent-elles à mes relations familiales ou sociales?

Mes inquiétudes ou mon anxiété affectent-elles mes études ou mes aptitudes parentales?

4. Est-ce que je m'aime?

   Suis-je mon pire ennemi?

   Quand je me regarde dans une glace, est-ce que je critique mon apparence?

   Ai-je l'habitude de me comparer aux autres et de me sentir inférieur?

   Lorsqu'on me critique, ai-je envie de frapper ou de pleurer?

   Ai-je l'impression d'avoir raté ma vie?

   Suis-je persuadé que personne ne m'aime ou ne m'aimera?

   Ai-je toujours besoin de l'admiration des autres?

   Suis-je persuadé qu'il me faut faire l'amour avec quelqu'un pour gagner l'estime de cette personne?

5. Suis-je dépressif ou triste? Est-ce que j'éprouve un sentiment de vide intérieur?

   Au réveil, ai-je très souvent l'impression de ne pas être en mesure d'affronter une nouvelle journée?

   Suis-je incapable de prendre des décisions?

   L'avenir me paraît-il sans espoir?

   Suis-je persuadé de ne pouvoir veiller sur mes enfants ou sur moi-même?

   Me suis-je désintéressé des activités qui me plaisaient auparavant?

6. Ai-je noté des changements majeurs dans mes habitudes alimentaires ou de sommeil?

   Ai-je pris ou perdu plus de 15 p. 100 de mon poids depuis un mois?

   Est-ce que j'éprouve de la difficulté à m'endormir presque chaque soir?

   Est-ce que je dors plus longtemps que la normale? Le sommeil représente-t-il une fuite pour moi?

   Ai-je échoué à remédier à mon insomnie?

7. Est-ce que je me noie dans le travail?

   Est-ce que je consacre tout mon temps au travail? Suis-je obsédé par mon rendement?

   Est-ce que j'évite de me reposer et de pratiquer les loisirs qui m'intéressaient auparavant?

Est-ce que je préfère mon travail à mes amis ?

Si les énoncés ci-dessous s'appliquent à vous, vous devriez consulter un thérapeute spécialisé dans les problèmes auxquels font face les familles recomposées.
8. Depuis mon remariage, le ressentiment s'est installé dans notre vie, car :
L'un de nous préfère ouvertement l'un de nos enfants.
Seul l'un de nous impose son autorité.

Dans la section Notes personnelles, énumérez les pensées, les émotions ou les comportements que vous souhaiteriez améliorer par la thérapie.

Comment trouver un thérapeute compétent

« Je savais que mon fils Benoît souffrait de notre divorce, mais quand il a commencé à manquer la classe et à fréquenter des délinquants, j'ai su qu'il me fallait agir. Je ne savais pas par quoi commencer. L'idée de chercher un thérapeute dans les pages jaunes comme s'il s'agissait d'un plombier ne me souriait guère. J'ai donc contacté le conseiller scolaire de mon fils. Monsieur Lebrun, qui était aussi son entraîneur de lutte, m'a conseillé quelques thérapeutes. Je leur ai téléphoné pour fixer mon choix sur celui d'entre eux qui acceptait mon régime d'assurances. Benoît a accepté de le consulter, car monsieur Lebrun lui avait dit avoir confiance en lui. J'étais plus tranquille à l'idée qu'un autre conseiller vante ses compétences. » (Caroline, quatre enfants) Si vous cherchez un thérapeute pour vos enfants, optez pour une personne qui a l'habitude de travailler avec des enfants de parents divorcés. Si vous-même désirez consulter un thérapeute, assurez-vous qu'il est familier avec les problèmes associés au divorce. Veillez à ce qu'il soit agréé, qu'il détienne une maîtrise ou un doctorat en travail social, en psychologie ou en counseling. Le travailleur social ou le conseiller scolaire de votre enfant vous aidera à trouver un thérapeute compétent. Renseignez-vous également auprès du programme d'aide aux employés de votre lieu de travail, auprès du curé de votre paroisse, de votre CLSC ou de vos amis. Consultez les pages jaunes sous la rubrique « Psychologues ». Si l'argent est un problème, demandez au thérapeute s'il fixe ses honoraires en fonction de vos revenus. Vérifiez si votre police d'assurances couvre les frais d'une thérapie et dans quelle proportion. Voyez également si le service d'aide aux employés de votre lieu de travail peut appuyer votre demande. Le cas échéant, il se pourrait que votre assureur couvre une plus grande proportion des honoraires du psychologue. Votre médecin ou votre CLSC peut en outre vous diriger vers un thérapeute spécialisé dans les problèmes de couples divorcés et d'enfants de parents divorcés.

Lors de votre première conversation avec le thérapeute, par téléphone ou en personne, posez-lui les questions suivantes :

1. Quel est votre domaine de spécialisation ?
2. Quelle est votre formation ?
3. Venez-vous souvent en aide à des enfants de parents divorcés (ou parlez-lui de tout autre problème qui vous préoccupe) ?
4. Quelle méthode préconisez-vous ?
5. Quelle est votre définition de la guérison ?
6. En quoi consistera ma participation à la thérapie ?
7. Quel rôle joueront les membres de ma famille dans ma thérapie ?
8. Quels sont vos honoraires ?
9. Quelle sera la fréquence de nos rencontres ?
10. Combien de temps, selon vous, durera ma thérapie ?

La prière de sérénité des Alcooliques Anonymes s'applique tout autant à la thérapie : La thérapie peut vous aider à accepter ce que vous ne pouvez pas changer, à trouver le courage nécessaire pour changer ce qui peut l'être, et à avoir la sagesse de distinguer entre les deux.

Postface

*Le meilleur moyen de prédire l'avenir
consiste à l'inventer.*

ALAN KAY

Un divorce vous procure l'occasion de vous pencher sur votre vie et sur les attentes que vous nourrissez à l'égard du mariage et de la famille. Un divorce vous oblige à regarder profondément en vous-même et à y puiser des ressources que vous ignoriez posséder. Vous avez ce qu'il faut pour trouver le courage, la constance, la compassion et les dons de communication qui feront de votre vie et de celle de vos enfants une expérience enrichissante.

Pour aider votre famille à envisager l'avenir avec optimisme, réalisez ensemble le « Portrait de notre avenir ».

EXERCICE 25 : LE PORTRAIT DE NOTRE AVENIR

Matériaux
carton à dessin
crayons de couleur, crayons de cire, marqueurs ou peinture
ciseaux
bâtonnets de colle
vieux magazines

Étape 1 : Asseyez-vous par terre ou à table avec tous vos enfants. Si vous vous êtes remarié(e), invitez aussi votre conjoint(e) et vos beaux-enfants.

Étape 2 : Dites aux enfants que vous envisagez l'avenir de votre famille avec optimisme, et mentionnez quelques-unes de vos attentes spécifiques. Par exemple, vous avez hâte de préparer des biscuits pour la tombola de la semaine prochaine, d'assister au concert de votre fils à la fin du mois, de partir en vacances avec vos enfants l'été prochain.

Étape 3 : Dites aux enfants que vous allez réaliser ensemble une affiche qui représentera votre avenir ensemble. Chacun de vous ajoutera tour à tour un élément à cette affiche. Dites-leur qu'ils peuvent y écrire un mot, y faire un dessin, ou y coller une image de magazine illustrant une occurrence familiale qu'ils attendent avec impatience. Dites-leur que vous commencerez l'affiche vous-même pour leur faire part de vos propres attentes.

Étape 4 : Dans un coin de l'affiche, faites un dessin, écrivez un mot ou collez une image de magazine illustrant un événement familial que vous attendez impatiemment. Par exemple, vous pourriez dessiner un portrait de vous et de vos enfants en train de lire une histoire. Vous pourriez coller la photo d'une bicyclette si vous planifiez une randonnée à vélo, ou vous pourriez tout simplement écrire le mot espoir.

Étape 5 : Demandez à chacun de vos enfants d'ajouter tour à tour leur contribution à l'affiche.

Étape 6 : Quand votre tour revient, vous pourriez choisir de faire quelque chose de différent de ce que vous avez fait précédemment. Par exemple, si vous avez fait un dessin qui montre toute la famille en train de faire du camping, écrivez maintenant le mot amour. Mais ne demandez pas à vos enfants de varier leur contribution quand arrive leur tour. Permettez-leur de recourir au mode d'expression qu'ils préfèrent. (Si vos enfants disent ne pas avoir d'idée, demandez-leur ce qu'ils aimeraient que vous fassiez tous ensemble. S'ils persistent dans leur refus de participer, suggérez-leur une ou deux activités qu'ils pourraient trouver agréables.)

Étape 7 : Demandez aux enfants où ils veulent que vous accrochiez votre affiche. Serrez chacun de vos enfants dans vos bras.

> *Éduquer la génération montante : voilà la plus grande responsabilité et le plus grand privilège que la vie nous offre.*
>
> C. EVERETT KOOP

Sachez apprécier le cadeau que vous avez reçu en tant que parent et sachez profiter des occasions qui vous sont offertes.

Références, bibliographie et suggestions de lecture

Ouvrages de référence

KELLY, Joan B. «Marital Conflict, Divorce and Children's Adjustment», Child and Adolescent Psychiatric Clinics of North America, *Child Custody*, vol. 7, n°2, 1998.

MCKAY, Matthew *et al. The Divorce Book,* Oakland, Calif., New Harbinger Publications, 1984.

WALLERSTEIN, Judith. *2nd Chances: Men, Women, and Children a Decade after Divorce; Who Wins, Who Loses — and Why,* New York, Tockner and Fields, 1989.

WALLERSTEIN, Judith et Joan Berlin KELLY. *Pour dépasser la crise du divorce,* traduction de Laurie Hawkes; mise au point de l'édition française par Alain Boyer, Toulouse, Privat, 1980.

http://www.cyber-nation.com/victory/quotations/

Le site Web de Cyber nation International, Inc., à Blaine (Washington), offre de nombreuses citations sur tout un éventail de sujets.

Bibliographie

BENNETT, Steve et Ruth BENNETT. *100 idées pour occuper vos enfants chez vous – sans la télé!,* traduit de l'américain par Cati Valduriez, Fiona Goodall et Marina Kolesnikoff, Boulogne, La Sirène, 1995.

CARLSON, Richard. *Ne vous noyez pas dans un verre d'eau: simplifiez-vous la vie!,* traduit de l'anglais par Nel Flaunders, Montréal, Stanké; Paris, M. Lafon, 1998.

CARLSON, Richard. *Ne vous noyez pas dans un verre d'eau. 2, en famille.* Montréal, Stanké; Paris, M. Lafon, 1999.

CARNEGIE, Dale. *Comment se faire des amis et influencer les autres,* traduction et mise à jour par Didier Weyne, Outremont, Quebecor, 1993.

GARDNER, Richard. *Les enfants et le divorce: avant, pendant et après le divorce, que dire, que faire avec les enfants?,* traduction et adaptation de Sharon Cortoux, Paris, Ramsay, 1980.

TROYER, Warner. *Les enfants divorcent aussi,* traduction et adaptation par Jacques de Roussan, Montréal, Libre Expression, 1981.

Suggestions de lecture

AZOULAY, Minou. *Mes parents se séparent: et alors...!?,* illustrations de Jochen Gerner, Paris, Nathan, 1995.

BOEGEHOLD, Betty. *Pourquoi son papa est-il parti? Un livre sur le divorce,* illustrations de Deborah Borgo, texte français de Christine de Cherisey, Paris, Éditions des deux coqs d'or, 1986.

CADIER, Florence. *Les miens aussi, ils divorcent!,* illustrations de Claire Gandini, Paris, Éditions de La Martinière, 1998.

DESMEUZES-BALLAND, Sylvette. *Le Divorce vécu par les enfants,* Paris, Plon, 1993.

DOLTO, Françoise; questionnée par Inès Angelino. *Quand les parents se séparent,* Paris, Éditions du Seuil, 1988.

DUJOUR, Nane. *Papa et maman se séparent,* Paris [Retz], Presses Pocket, 1993.

GARDNER, Richard. *Le Divorce expliqué aux filles et aux garçons,* précédé d'une introduction pour les parents, avant-propos de Louise Bates Ames, illustrations d'Alfred Lowenheim, traduction de Paule Lamontagne de Massy, Montréal, Presses Sélect, 1978.

MARINO, Gerry et Francine FORTIER. *La Nouvelle Famille,* préface de Christian Côté, Montréal, Stanké, 1991.

ROSTAIN, Sophie. *Comment élever son enfant après un divorce,* Paris, First, 1993.

SEULING, Barbara. *Pourquoi Jérôme a-t-il une nouvelle famille? Un livre sur les belles-familles,* illustrations de J. Ellen Dolce, texte français de Marie-Élisabeth Rouvières, Paris, Éditions des deux coqs d'or, 1986.

TURGEON, Lise. *Le Père séparé: être père quand même,* avant-propos de Jodette Ghedin, Montréal, Stanké, 1989.

Sites Web

http://www.hec.ohio-state.edu/famlife/index.htm
> Un site destiné aux enfants de douze à quinze ans dont les parents divorcent. Les adolescents peuvent y recueillir de l'information, poser des questions ou discuter avec d'autres adolescents.

http://www.cosd.bayside.net/newsmed.htm
> Le site de l'organisme «Children of Separation and Divorce (COSD)», de Columbia, dans le Maryland. Cet organisme vient en

aide aux familles dans le processus d'adaptation au divorce et au remariage.

http://www.divorce-online.com

Un site de référence sur le divorce.

http://www.divorcesupport.com/index.html

Un réseau d'information sur le divorce.

http://www.divorcesource.com

Des informations sur la garde des enfants, le soutien aux enfants, les pensions alimentaires, le counseling, les droits de visite et les processus juridiques reliés au divorce.

http://www.positivesteps.com

Liens et articles à l'intention des beaux-parents.

http://www.divorcesupport.miningco.com

Liens et articles à l'intention des personnes en instance de divorce.

http://www.aacap.org/web/aacap/factsFam/

Ce site offre des informations factuelles préparées par « The American Academy of Child and Adolescent Psychiatry ». Cette association veut renseigner les parents sur les problèmes psychiatriques qui affectent les enfants et les adolescents.

http://www.sharedparenting.com

Ce site canadien propose des forums de discussion, des renseignements, des nouvelles touchant tous les aspects du coparentage.

http://www.fmc.ca

Le site de « Family Mediation Canada ». Ce site s'adresse autant aux médiateurs professionnels qu'aux individus qui requièrent les services d'un médiateur. Le site français est en préparation.

Notes personnelles et aide-mémoire

Introduction

Que voudriez-vous accomplir quand vous en aurez terminé avec la lecture de cet ouvrage?

_____
_____
_____
_____

Notes supplémentaires.

_____
_____
_____
_____

Chapitre premier

Quand annoncerez-vous votre divorce à vos enfants et le départ de l'un de leurs parents?

_____
_____

Quelle explication qu'ils sont en mesure de comprendre envisagez-vous de leur fournir?

_____
_____
_____
_____

Comment comptez-vous leur expliquer, avec des mots qu'ils peuvent comprendre, que l'amour que vous éprouvez pour eux diffère de l'amour que vous ressentiez pour votre ex-conjoint?

_____
_____
_____
_____

Notez tout ce dont vous n'avez pu discuter lors de votre conseil de famille. Notez tout sujet sur lequel il vous faudra revenir lors de la prochaine réunion familiale, ou lors d'un dialogue avec l'un de vos enfants.

_____

_____

_____

_____

Notes supplémentaires.

_____

_____

_____

_____

Chapitre 2

Énumérez les articles qui feront partie de la « trousse personnelle » que votre enfant emportera d'un domicile à l'autre.

_____

_____

_____

_____

_____

_____

Y a-t-il autre chose qui, selon vous, faciliterait la transition de votre enfant d'un domicile à l'autre ?

_____

_____

_____

Activités auxquelles vous aimez vous adonner avec votre enfant.

_____

_____

_____

Diverses façons de communiquer avec votre enfant lorsqu'il habite chez votre ex-conjoint.

_____

_____

_____

Notes supplémentaires.

_____

_____

_____

Chapitre 3

Notes.

_____

_____

_____

_____

Chapitre 4

Décrivez trois occasions où votre ex-conjoint a bien assumé son rôle parental.

_____

_____

_____

De quel type de relation entre vous et votre ex-conjoint bénéficieraient le plus vos enfants?

_____

_____

Notez les noms, adresses et numéros de téléphone des membres de la famille et des amis qui sont très attachés à vos enfants.

_____

_____

_____

_____

_____

_____

_____

Y a-t-il des questions que vous aimeriez poser à un médiateur ?

_____

_____

_____

_____

Notes supplémentaires.

_____

_____

_____

Chapitre 5

Comment favoriser la communication avec votre ex-conjoint.

_____

_____

_____

_____

Que croyez-vous que vos enfants vous disent à propos de leur réaction à votre divorce ?

_____

_____

_____

_____

Notes supplémentaires.

_____

_____

_____

_____

Chapitre 6

Que faites-vous pour vous réconforter quand vous souffrez ?

_____
_____
_____
_____
_____
_____

Énumérez trois actions positives accomplies par chacun de vos enfants au cours de la semaine qui vient de s'écouler.

_____
_____
_____
_____

Notes supplémentaires.

_____
_____
_____

Chapitre 7

Comment aider votre nourrisson à s'adapter au divorce.

_____
_____
_____

Comment aider votre jeune enfant à s'adapter au divorce.

_____
_____
_____

Comment aider votre enfant d'âge préscolaire à s'adapter au divorce.

_____

_____

_____

_____

Comment aider votre enfant de six à huit ans à s'adapter au divorce.

_____

_____

_____

_____

Comment aider votre enfant de neuf à douze ans à s'adapter au divorce.

_____

_____

_____

_____

Comment aider votre adolescent à s'adapter au divorce.

_____

_____

_____

_____

Notes supplémentaires.

_____

_____

_____

_____

Chapitre 8

Quelles sont les qualités que vous recherchez dans une relation ?

_____

_____

_____

_____

_____

_____

_____

Si vous fréquentez quelqu'un, choisissez, parmi les qualités décrites ci-dessus, celles qui décrivent le mieux cette personne.

_____

_____

_____

_____

_____

_____

Notes supplémentaires.

_____

_____

_____

_____

Chapitre 9

Notez quelques idées romantiques qui surprendront votre conjoint(e).

_____

_____

_____

_____

_____

_____

Notes supplémentaires.

_____

_____

_____

_____

Chapitre 10

Que pouvez-vous faire pour renforcer votre relation avec vos beaux-enfants?

_____
_____
_____
_____
_____
_____

Quelles nouvelles traditions familiales pouvez-vous instaurer?

_____
_____
_____
_____

À quelles activités pouvez-vous vous adonner avec vos beaux-enfants?

_____
_____
_____
_____

Notes supplémentaires.

_____
_____
_____
_____

Chapitre 11

Énumérez des images de lieux et d'objets qui peuvent vous aider à vous endormir.

_____
_____
_____
_____
_____

Que faire *cette semaine* pour combattre le stress ?

_____

_____

_____

_____

_____

Notez vos accomplissements de la journée.

_____

_____

_____

Notes supplémentaires.

_____

_____

_____

Chapitre 12

Que rêvez-vous de faire que vous n'avez jamais pu faire ?

_____

_____

_____

Énumérez trois façons d'apaiser votre colère.

_____

_____

_____

Notes supplémentaires.

_____

_____

_____

Chapitre 13

Quels bienfaits espérez-vous que votre enfant retire de la thérapie ?

_____

_____

_____

Pensées, émotions ou comportements que vous aimeriez changer par la thérapie.

_____

_____

_____

_____

Notes supplémentaires.

_____

_____

_____

_____

Table des matières

Avant-propos 9

Introduction 11

1. Quand, comment et pourquoi dire à vos enfants que
    vous divorcez 15

2. Le parentage (Le droit de visite) 29

3. La discipline familiale 49

4. Le coparentage 57

5. Une communication efficace 69

6. Comment comprendre ses enfants et les aider
    à s'extérioriser 91

7. Les réactions au divorce selon le groupe d'âge 109

8. Quand vous êtes prêt à refaire votre vie 129

9. Le remariage 137

10. Les beaux-parents 145

11. Sachez veiller sur vous 161

12. Vos émotions : comment y faire face et comment
    les assumer 181

13. La thérapie 203

Postface 215

Références, bibliographie et suggestions de lecture 219

Notes personnelles et aide-mémoire 223